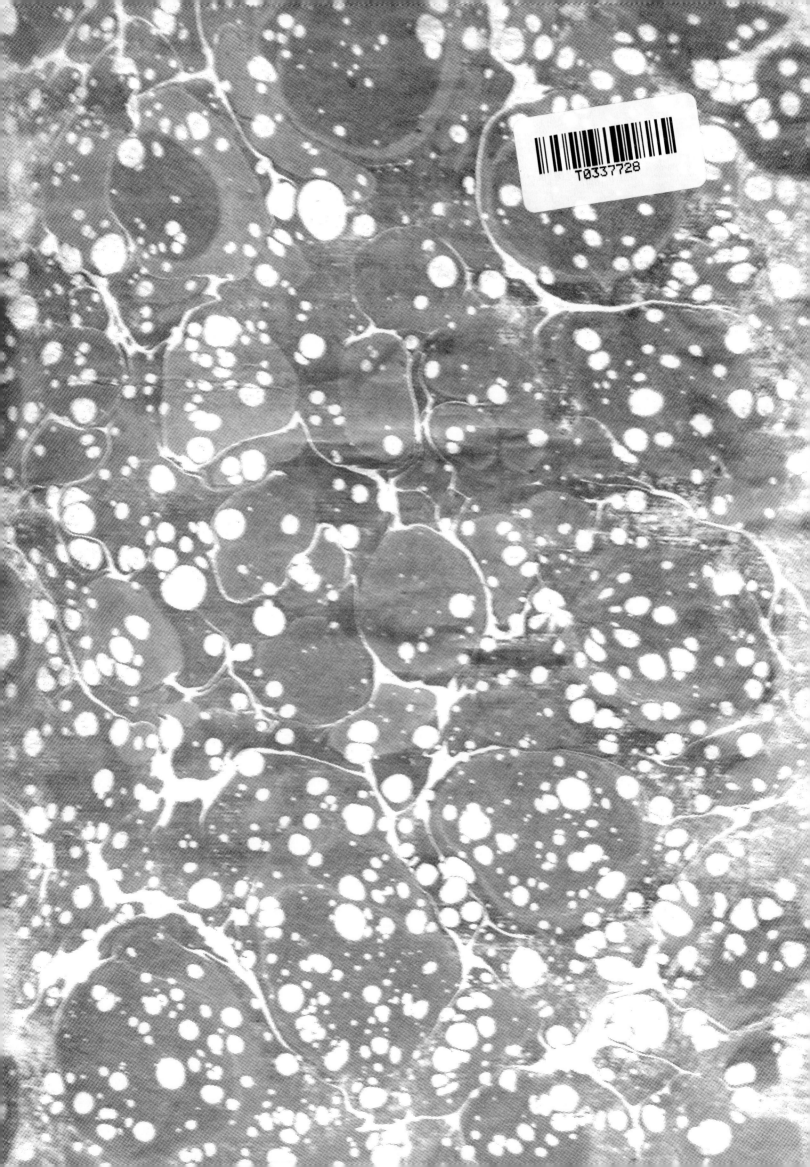

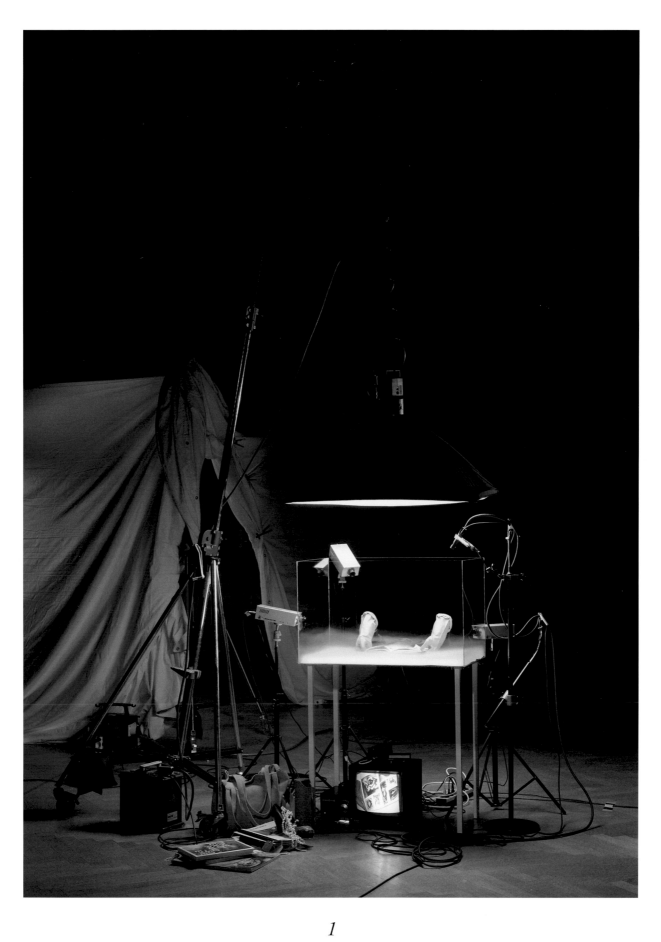

7

Bundesamt für Kultur
Office fédéral de la culture
Swiss Federal Office of Culture

Birkhäuser
Basel · Boston · Berlin

d.
Eidgenössische Förderpreise für Design

f.
Bourses fédérales de design

e.
Swiss Federal Design Grants

2008

9

Inhalt
Sommaire
Summary

Inhalt
Sommaire
Summary

Mit der vorliegenden Publikation stellen wir die diesjährigen Gewinner/innen des Eidgenössischen Förderpreises für Design →36 sowie ihre Werke vor. Am Wettbewerb haben insgesamt 210 Designer/innen teilgenommen und in einem zweistufigen Jurierungsverfahren wurden 19 Preise gesprochen. Die Projekte wurden in der ersten Runde anhand der eingereichten Dossiers begutachtet. In der zweiten Runde wurden die Originalarbeiten präsentiert. Die Eidgenössische Designkommission wurde per 2008 – bis auf das Präsidium von Lorette Coen →32 – neu zusammengesetzt und von fünf auf sieben Mitglieder erhöht. Zusammen mit internationalen Experten bildete sie die Jury →42 des Wettbewerbs. Die Jurierungskriterien sind breit gefasst: Funktionalität, Brauchbarkeit/Gebrauchswert, Ästhetik, Herstellungs- und Produktionstechnik, Materialgerechtigkeit (Farbe/Material/Oberfläche), Ökologie/Energiebilanz, Preis, rationale und emotionale Botschaft sowie Zukunft/Trend. Die Gewichtung der einzelnen Kriterien ist ausschliesslich Sache der Jury. An den Leserinnen und Lesern des Kataloges und den Besucherinnen und Besuchern der Ausstellung ist es nun, die ausgezeichneten Werke zu begutachten!

Die Gewinner/innen können zwischen einem Geldpreis von 20 000 Franken, einem sechsmonatigen Atelierauf-

d.
Vorwort
Patrizia Crivelli, Aurelia Müller
und Eva Afuhs

enthalt in London oder New York oder einem sechsmonatigen Praktikum im Ausland wählen. Dieses Jahr standen Praktikumsplätze in London bei international bekannten Designfirmen wie Matthew Hilton (Möbel- und Produktdesign), Fredrikson Stallard (Produktdesign), Value and Service (Grafikdesign), BC,MH (Grafikdesign) zur Verfügung. Seit sechs Jahren stehen diese Wahlmöglichkeiten den Gewinnerinnen und Gewinnern nun offen und sie werden rege genutzt. Ungefähr die Hälfte der Gewinner/innen wählt einen Atelieraufenthalt oder ein Praktikum, die andere Hälfte den Geldpreis. Besonders erfreulich ist, dass unser Förderungssystem weitere Früchte trägt, nämlich dann, wenn die Preisträger/innen nach einem Praktikum bei einer Firma fest angestellt werden.

Der Katalog versteht sich als Enzyklopädie →36 über verschiedenste Themenkreise rund um die prämierten Werke und die ausgezeichneten Personen. Die Preisträger/innen wurden gebeten, einen reichhaltigen Fragebogen auszufüllen mit Fragen unterschiedlichster Couleur. Die Antworten dienten als Fundus für ein fiktives Lexikon →29 der jungen Schweizer Designwelt. In aufwändiger Recherchearbeit auf inhaltlicher und bildsprachlicher Ebene sowie mit Ausflügen in Parallelwelten, welche Design →35 genauso beeinflussen und

12

prägen können, präsentieren die Autor/innen und Grafiker/innen zusammen mit den Fotografen eine Fülle an Material. Ein komplexes Verweissystem (→) ermuntert zum Querlesen. Die Leser/innen sind dazu eingeladen, nach Belieben den gelegten Spuren zu folgen oder eigene Wege zu gehen →44.

Die Publikation erscheint zur Ausstellung «Eidgenössische Förderpreise für Design 2008», die dieses Jahr im Museum Bellerive →47 in Zürich stattfindet. Für die Szenografie zeichnet Alain Rappaport →51 verantwortlich. Er verfolgt analog zur Publikation die Fährte einer wissenschaftlichen Betrachtungsweise der Designobjekte, die er in Form eines verästelten Wegsystems visualisiert. Die Präsentation erfolgt auf Podesten, die den Raum gliedern und für die Besucher lediglich einen vorbestimmten Weg offen lassen.

Die Publikation und die Ausstellung gehören neben den Preisvergaben zu den wichtigsten Instrumenten der Designförderung des Bundes. Wir hoffen, dass die ausgezeichneten Designer/innen →35 mit diesem Preis ihre Karrieren auf- und ausbauen können und wünschen ihnen dabei viel Erfolg.

f.
Avant-propos
Patrizia Crivelli, Aurelia Müller
et Eva Afuhs

Cette publication présente les œuvres et les personnalités de celles et ceux qui, cette année, ont remporté une Bourse fédérale de design →31. En tout, 210 designers, hommes et femmes, ont participé au concours. A l'issue d'un processus en deux phases, le jury →42 a décerné 19 prix. Dans la première phase, les projets ont été évalués en fonction des dossiers déposés. Dans la seconde phase, les travaux originaux ont été présentés. En 2008, la Commission fédérale du design a été renouvelée – à l'exception de la présidence de Lorette Coen →32; elle a passé de cinq à sept membres. Avec la collaboration d'experts internationaux, elle a constitué le jury du concours. Les critères de jugement sont conçus de manière large: fonctionnalité, praticabilité/valeur d'usage, esthétique →37, technique de fabrication et de production, pertinence du choix des matériaux (couleur/matériel/surface), écologie/bilan énergétique, message rationnel et émotionnel, avenir/tendance. La pondération de chacun des critères relève de la compétence exclusive du jury. C'est maintenant aux lecteurs du catalogue, comme aux visiteurs de l'exposition, d'expertiser les œuvres primées!

Les vainqueurs peuvent choisir entre un prix en espèces d'un montant de 20 000 francs, un séjour de six mois en atelier à Londres ou à New York, ou un stage de six mois à l'étranger.

Cette année, des possibilités de stage étaient offertes à Londres, auprès d'entreprises de design de réputation internationale comme Matthew Hilton (design de meubles et de produits) Fredrikson Stallard (design de produits), Value and Service (design graphique), BC,MH (design graphique). Depuis six ans désormais, ces possibilités de choix sont ouvertes aux lauréats, et sont très largement exploitées. Environ la moitié des lauréats choisissent un séjour en atelier ou un stage, l'autre moitié le prix en espèces. Il est particulièrement réjouissant que notre système d'encouragement porte d'autres fruits encore, lorsqu'après un stage, les lauréats se voient proposer un emploi stable auprès d'une entreprise.

Le catalogue se veut une encyclopédie →36 des domaines thématiques les plus divers, autour des œuvres récompensées et des personnes distinguées. Les lauréats ont été priés de remplir un copieux questionnaire, avec un très large éventail de questions. Les réponses ont servi de fonds à un lexique fictif →29 de l'univers du jeune design suisse. Dans un travail de recherche considérable, sur le plan du contenu comme du langage formel, faisant quelques incursions dans des mondes

parallèles susceptibles d'influencer ou de marquer le design →35, les auteurs et les graphistes, associés aux photographes, présentent ici un très riche matériau. Un système complexe de renvois (→) encourage à la lecture buissonnière. Les lecteurs sont invités à suivre, selon leurs goûts, les pistes indiquées ou à tracer leur propre chemin.

Cette publication paraît à l'occasion de l'exposition «Bourses fédérales de design 2008», qui a lieu cette année au «Museum Bellerive» → 47 à Zurich. C'est Alain Rappaport →51 qui est responsable de l'expographie. D'une manière analogue à la publication, il suit les traces d'une conception scientifique du design des objets, et la visualise sous forme d'un système de chemins ramifiés. La présentation a lieu sur des podiums qui structurent l'espace et déterminent un tracé que le visiteur est libre de suivre.

La publication et l'exposition, avec les prix décernés, font partie des instruments les plus importants de l'encouragement fédéral au design. Nous espérons que les designers →35 récompensés pourront, grâce à leurs prix, bâtir et développer leur carrière, et nous leur souhaitons beaucoup de succès.

Our present publication presents you this year's Swiss Federal Design Grants →55 winners and their works. 210 designers in total took part in the competition and 19 prizes were awarded in a two-stage jury process. In the first round the projects were assessed on the basis of the dossiers, and in the second round the original work was presented. The Swiss Federal Design Commission – except for the chairmanship of Lorette Coen →32 – was newly constituted for 2008 and increased from 5 to 7 members. Together with international experts they form the competition's jury →42. The jury's criteria are many and varied: functionality, usability/practical value, aesthetics, manufacturing and production technique, appropriateness to the material (colour/material/surface), ecology/energy balance, price, rational and emotional message as well as future perspectives/trend. The weighing of the individual criteria is the sole province of the jury but it is down to the readers of this catalogue and the visitors of the exhibition to judge the award-winning works!

The winners have a choice between a prize money of CHF 20 000, a six-month stay in a studio in London or New York, or a six-month internship →41 abroad. This year internships in London were available with internationally renowned design companies

e.
Preface
Patrizia Crivelli, Aurelia Müller and Eva Afuhs

such as Matthew Hilton (furniture and product design), Fredrikson Stallard (product design), Value and Service (graphic design), BC,MH (graphic design). For six years now the winners have been able to choose from these opportunities and they take active advantage of them. Approximately half the winners chose a stay in a studio or an internship; the other half the prize money. It is a particular joy that our promotion concept seems to bear fruit, particularly when a winner's internship with a company leads to future employment.

The catalogue is meant to be an encyclopaedia →36 on various themes centring around the awarded works and the honoured individuals. The winners were asked to fill in a comprehensive questionnaire with different kinds of questions. The answers served as a repository for a fictitious lexicon →29 on the young Swiss design world. In an intense research process in terms of both content and design, and also with digressions into parallel worlds that can influence and shape design →35 just as much, the authors and graphic designers together with the photographers present a rich collection of material. A complex system of cross references (→) encourages readers to read creatively, following the trail as laid, or to go their own way, just as they wish.

The publication accompanies the "Swiss Federal Design Grants 2008" exhibition, which will take place this year at the Museum Bellerive →47 in Zurich. Alain Rappaport →51 is responsible for the scenography. In analogy to the publication he has decided on a scientific approach to the design objects visualized in the shape of a ramified system of paths. The works are presented on pedestals that shape the room so the visitors can follow only a predetermined path.

Apart from awarding the prizes, the publication and the exhibition are the most important instruments in the federal design promotion. We hope that this prize will enable the winners to launch or to further develop their careers and wish them the best of luck in doing so.

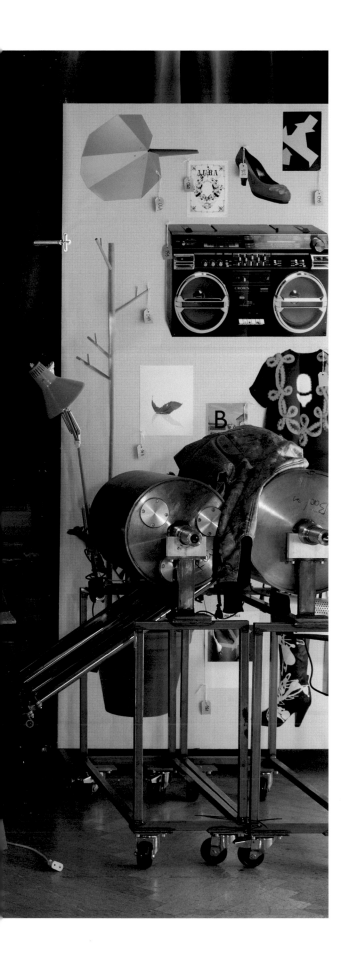

23

Ad – Zvo

Lexikon
Lexique
Lexicon

Künste, (Meta-) Physik, Tiere und Alltag
Poésie, institutions, lauréats et montagnes
Design, fiction, sport and stars

A

Ad absurdum
Etwas ad absurdum führen, die Widersinnigkeit oder Nichthaltbarkeit, z. B. einer Behauptung, beweisen. *(B)*
→ *139 Zimmermann & de Perrot*
→ *Reductio ad absurdum*

Afuhs Eva
Leitende Kuratorin Museum Bellerive Kunstgewerbesammlung des Museum für Gestaltung Zürich
→ *Museum Bellerive*

Joy Ahoulou

Ahoulou Joy **1983*
→ *71,* → □
Modedesigner FH
Lebt und arbeitet in Basel
joy.ahoulou@gmx.ch
www.myspace.com/ahoulou
Lehre als Schneider, Studium an der Hochschule für Gestaltung und Kunst Basel (HGK Basel)
Diplom als Modedesigner FH, 2008
Praktikum bei Petar Petrov, Wien (A), 2007
Show: «Diplom Modeschau», Hochschule für Gestaltung und Kunst Basel, Basel, 2008

Ambivalence
1. Caractère de ce qui peut avoir deux sens, recevoir deux interprétations; *l'ambivalence des représentations oniriques.*
2. Caractère de qqn qui présente ou manifeste des comportements, des goûts contradictoires ou opposés.
Publ. Opposition dans l'esprit du consommateur entre deux tendances suscitées par un produit ou un concept publicitaire. (La connaissance d'une ambivalence peut permettre à une action publicitaire de favoriser une des deux tendances.) *(GDEL)*
→ *110 Olivier Pasqual*

Antigone
Dans la mythologie grecque, *Antigone* est la fille d'Œdipe, roi de Thèbes, et de la reine Jocaste. Elle est ainsi la sœur d'Étéocle, de Polynice et d'Ismène. Créon, son oncle est le père de son fiancé Hémon. *(W)*
Idéal d'Emilie Meldem

Antonio
Antico nome gentilizio e poi personale latino *Antonius*, di origine probabilmente etrusca e di significato ignoto.
Secondo nome di Alberto Vieceli

Apparence
Ne pas se fier aux apparences.
Proverbe favori de Nicolas Le Moigne

Appétit
L'appétit vient en mangeant, la soif s'en va en buvant.
Proverbe favori de Cédric Decroux

Araignée
Toutes les espèces connues d'araignées sont prédatrices, sans exception. Elles se nourrissent exclusivement de proies vivantes qu'elles chassent soit à l'aide de pièges, soit à l'affût.
Comme tous les arachnides, l'araignée n'absorbe que des liquides: elle doit donc liquéfier ses proies avant de pouvoir s'en nourrir. *(W)*
Animal détesté par Jean-Philippe Bonzon et Nicolas Le Moigne

Artista orafo
→ *Kiko Gianocca*
→ *Jewellery*
→ *Oreficeria*

Atelierplätze
In *London* stellt das Bundesamt für Kultur (BAK) von September 2008 bis Februar 2009 und von März 2009 bis August 2009 je zwei Wohnateliers zur Verfügung.
In *New York* stellt das BAK von September 2008 bis Februar 2009 und von März 2009 bis August 2009 je zwei Wohnmöglichkeiten mit Atelierplatz zur Verfügung.
In beiden Städten übernimmt das BAK die Mietkosten und bezahlt einen Beitrag von CHF 12 000 an die Lebenskosten. *(www.bak.admin.ch)*
→ *Eidgenössischer Wettbewerb für Design*

Auge
Das *Auge* (lat. *oculus*; v. griech. *augé*, Licht, Glanz) ist ein Sinnesorgan vieler Tiere, das zur (bei höher entwickelten Augen) abbildenden Wahrnehmung von elektromagnetischer Strahlung dient.
Für den Menschen ist der Lichtsinn von sehr grosser Bedeutung. Er ist der Leitsinn, der Menschen wie anderen visuell ausgerichteten Lebewesen eine sichere Orientierung ermöglicht. *(W)*
Bevorzugtes Arbeitsgerät von Martin Zimmermann

Aura
1. ohne Plural, allgemein: von einem Menschen ausgehende Wirkung, besondere (geheimnisvolle) Ausstrahlung.
2. Medizin: Vorgefühl oder bewusst erlebter Beginn eines epileptischen Anfalls (Epilepsie). Das Erscheinungsbild der Aura hängt von der Hirnregion ab, von der der Anfall ausgeht, und ist vielfältig: halbseitiges Kribbelgefühl, Brennen, Hitze-, Engegefühl, Übelkeit, halluzinatorische Phänomene (Geruchs- und Geschmacksempfindung). Traumhafte Bewusstseinsveränderungen, Angst- oder Beglückungsgefühle, Déjà-vu-Erlebnisse. Auren können auch isoliert, also ohne nachfolgenden Anfall, auftreten. Auch bei Migräne kann es vor dem Auftreten der Kopfschmerzen zu einer Aura mit Gesichtsfeldausfällen, Taubheitsgefühl, selten auch Lähmungen oder Sprachstörungen kommen.
3. Okkultismus: lichtartiger Schein, von Sensitiven angeblich beobachtbare persönlichkeitsgeprägte Ausstrahlungen des menschlichen Körpers, dem Heiligenschein der christlichen Ikonografie vergleichbar. Theosophie und Anthroposophie unterscheiden eine *vitale* («ätherische»), eine *seelische* («astrale») und eine *mentale* Aura (Astralleib, Ätherleib). *(B)*
→ *90 Aude Lehmann*

Aurore polaire
Une *aurore polaire* (également appelée aurore boréale dans l'hémisphère Nord et aurore australe dans l'hémisphère Sud) est un phénomène lumineux caractérisé par des sortes de voiles extrêmement colorés dans le ciel nocturne, le vert étant prédominant.
Provoquées par l'interaction entre les particules chargées du vent solaire et la haute atmosphère, les aurores se produisent principalement dans les régions proches des pôles, dans une zone annulaire justement appelée «zone aurorale» (entre 65° et 75° de latitude).
Une masse de rayons et de voiles de lumières qui pendent tels des rideaux, en boucles et en guirlandes, retenus par des crochets invisibles. *(W)*
Phénomène naturel préféré de Jean-Philippe Bonzon

Ausstellung «Eidgenössische Förderpreise für Design»
Seit 2002 organisiert das Bundesamt für Kultur im Zusammenhang mit dem Eidgenössischen Wettbewerb für Design jedes Jahr eine Ausstellung, die abwechselnd im Museum für Gestaltung Zürich oder im mudac (Musée de design et d'arts appliqués contemporains) in Lausanne zu sehen ist. Diese Ausstellungen sollen das Schweizer Designschaffen vermitteln und die prämierten Arbeiten der Designer/innen einem interessierten Publikum vorstellen. Um den Diskurs anzuregen, werden die im Wettbewerb ausgezeichneten Arbeiten und Projekte nicht nur vorgestellt und dokumentiert, sondern durch diverse Rahmenveranstaltungen in einen weiteren Kontext gestellt sowie auf Fragen des aktuellen Designs untersucht. *(www.bak.admin.ch)*
→ *Eidgenössischer Wettbewerb für Design*
→ *Museum Bellerive*

Steven Wright, Roberto Benigni in: «Coffee And Cigarettes», Jim Jarmusch (2004)

Basketball
Le *basket-ball* a été inventé en 1891 par James Naismith, un professeur d'éducation physique canadien du collège de Springfield dans l'État du Massachusetts. Il cherchait à occuper ses étudiants entre les saisons de football et de baseball, pendant l'hiver, au cours duquel la pratique du sport en extérieur était difficile. Naismith souhaitait également leur trouver une activité où les contacts physiques soient restreints, afin d'éviter les risques de blessure. *(W)*
Sport préféré de Raphaël Von Allmen

Benigni Roberto → □
*1952, Castiglion Fiorentino (I)
Attore, comico, regista e sceneggiatore italiano
Noto e popolare monologhista teatrale, dalla comicità ironica e dissacrante, è diventato personaggio pubblico tra i più amati in Italia e nel mondo. *(W)*
Ideale di Alberto Vieceli

Best George → □
*1946, Belfast (GB)
†2005, London (GB)
Nordirischer Fussballspieler
«Maradona good; Pelé better; George Best.» *Nordirisches Wortspiel*
Vorbild von Lex Trüb
→ *Fussball*

B

Badminton
On raconte qu'un jour de 1873, des officiers anglais revenus des Indes se trouvant réunis dans le château du Duc de Beaufort à Badminton (ville anglaise du Gloucestershire), en viennent à évoquer le jeu indien du «poona», qui se pratiquait avec une raquette et une balle légère. Ils se mettent alors en tête d'y jouer. Mais n'ayant pas de balle sous la main, ils décident d'utiliser un bouchon de Champagne, auquel ils attachent quelques plumes. *(W)*
Sport préféré de Catherine Leutenegger

Bien
On est pas bien là?
Expression favorite de Jean-Philippe Bonzon

Biene

Biene → □
«Seid Bienen wie die Fliegen!»
Dirk Baecker
Lieblingszitat von Tania Prill

Bijoutière

→ *129 Julie Usel*
→ *Jewellery*
→ *Joaillerie*

Blitz

Ein *Blitz* ist in der Natur eine Funkenentladung bzw. ein kurzzeitiger Lichtbogen zwischen Wolken oder zwischen Wolken und der Erde, in aller Regel während eines Gewitters in Folge einer elektrostatischen Aufladung der wolkenbildenden Wassertröpfchen bzw. der Regentropfen. Er wird dabei vom Donner begleitet und gehört zu den Elektrometeoren. *(W)*

Lieblingsnaturphänomen
von Martin Zimmermann
Blitz und Donner sind die
Lieblingsnaturphänomene
von Joy Ahoulou
→ *Donner*

Bollitore elettrico

Un *bollitore elettrico* è un contenitore generalmente in plastica, con all'interno una resistenza che riscalda l'acqua portandola a ebollizione. Spesso il bollitore elettrico viene utilizzato per riscaldare l'acqua per infusi, tè o tisane. *(W)*

Utensile quotidiano preferito di Kiko Gianocca

George Best (11), Edison Arantes do Nascimento aka Pelé (10)

Bonbon

Bonbon – Valeria Bonin, Diego Bontognali
Gestalterin und Gestalter dieses Kataloges in Zusammenarbeit mit Esther Rieser
Visuelle Gestalter FH
Zürich
→ *www.bonbon.li*
→ *Esther Rieser*

Bonzon Jean-Philippe *1978

→ 75, → ☐
Designer de produits
Vit et travaille à Lausanne
jpbonzon@jpbd.ch
www.jpbd.ch
Apprentissage comme laborantin biologie, études à l'Ecole nouvelle de la Suisse romande (ENSR); Ceruleum, Ecole d'art Lausanne; l'Ecole cantonale d'art de Lausanne (ECAL)
Diplôme en tant que designer HES, design industriel, 2007
Stages chez «5.5 designers», Paris (F), 2006; «Multiple Global Design», La Chaux-de-Fonds, 2005; «Fulguro», Lausanne, 2003
Travaille aussi avec l'Archive de la

Jean-Philippe Bonzon

dation Suisse, Paris (F), 2006
Expositions: «Design à4», Salone Internazionale del Mobile, Milan (I), 2008; «Prototipi Manzoni», Salone Internazionale del mobile, Milan (I), 2008; «Julius Shulman. Une vie pour l'architecture», Espace Archizoom, Ecole Polytechnique Fédérale de Lausanne, Lausanne, 2008 (meuble d'exposition pour l'exposition de Julius Shulman); «ECAL/Christofle», Salone Internazionale del Mobile, Milan (I), 2006; «ECAL/ALCO», International Contemporary Furniture Fair, New York (USA), 2006; «future point», imm cologne, Cologne (D), 2006; «Souvenirs of America», Musée de design et d'arts appliqués contemporains, Lausanne, 2005; «Souvenirs of America», The Vitra Store, New York (USA), 2005
Publié dans «A3-EPFL» n°5, 12/2006; «L'Officiel 1000 modèles design» n°4, 6/2006; «Raum und Wohnen» n°5, 5/2006

Bostitch

Die *Heftklammern* werden in einem Heftgerät (auch *Klammeraffe* oder kurz *Hefter*, in den letzten Jahren vermehrt *Tacker*, in Österreich auch *Klammermaschine*; in der Schweiz *Bostitch*, nach dem US-amerikanischen Hersteller Bostitch – ursprünglich «Boston Wire Stitcher») verwendet, um mehrere Blatt Papier aneinander zu heften. Dabei wird die Klammer durch das Papier gedrückt und durch ein Gegenstück des Hefters unterhalb des Papiers umgebogen. *(W)*

Bevorzugtes Arbeitsgerät
von Aude Lehmann

Bourses fédérales de design 2008

210 designers se sont présentés au concours fédéral de design 2008. La Commission fédérale du design, présidée par Lorette Coen, a finalement couronné 19 œuvres/projets réalisés par 22 designers. Les lauréats et lauréates peuvent choisir de percevoir leur prix soit en espèces (20000 Frs), soit sous forme de stage ou de séjour dans un atelier étranger. En outre, les travaux distingués seront exposés au «Museum Bellerive» de Zurich. *(www.bak.admin.ch)*
→ *Internships*
→ *Jury 2008*
→ *Places en atelier*

Briquet

Un *briquet* est un dispositif pyrotechnique autonome, destiné à produire une flamme. Le carburant utilisé est stocké au sein

d'un réservoir, et le comburant est le dioxygène présent dans l'air. Le briquet est destiné à être transportable facilement: ainsi sa taille lui permet d'être tenu dans une main. *(W)*

Objet quotidien préféré de
Jean-Philippe Bonzon

Broderie

La *broderie* est un art de décoration des tissus qui consiste à ajouter sur un tissu un motif plat ou en relief fait de fils. *(W)*
→ *103 Emilie Meldem*

Broken Kilometer

The *Broken Kilometer*, 1979, located at 393 West Broadway in New York City, is composed of 500 highly polished, round, solid brass rods, each measuring two meters in length and five centimeters (two inches) in diameter. The 500 rods are placed in five parallel rows of 100 rods each. The sculpture weighs 18,75 tons and would measure 3,280 feet if all the elements were laid end-to-end. Each rod is placed such that the spaces between the rods increase by 5 mm with each consecutive space, from front to back; the first two rods of each row are placed 80 mm apart, the last two rods are placed 580 mm apart. Metal halide stadium lights illuminate the work which is 45 feet wide and 125 feet long.
(www.brokenkilometer.org)
Lieblingsnaturphänomen
von Lex Trüb

Bühnenbild

Bühnenbild bezeichnet einerseits die optische Gestaltung eines szenischen Raumes, andererseits dessen Material, also sämtliche Einrichtungen, Malereien und Kulissen sowie die Bühnenmaschinerie, aus denen Bühnenbilder bestehen. Sie werden für Theater- und Opernaufführungen, Musicals, Choreografien, Performances und Filme eingesetzt.
Je nach Bedarf und Form der Aufführung haben sie verschiedene Funktionen: von illustrierender Dekoration, die oft Texte bebildert, über subjektive Architektur, die szenische Vorgänge befördert und beeinflusst, bis zur Rauminstallation, die eine szenische Anordnung ermöglicht. Dabei kann ein Bühnenbild die szenische Handlung räumlich (Zimmer, Stadtplatz, Landschaft etc.) und zeitlich (historisch, zeitgenössisch etc.) definieren.
Bühnenbilder werden von *Bühnenbildnern* entworfen und in der Ausführung überwacht. An grösseren Spielstätten wer-

den sie von den hauseigenen Werkstätten hergestellt, für kleine Theater, die über keine eigenen Werkstätten verfügen, oder besondere Aufführungen wie Installationen im öffentlichen Raum arbeiten eigens zusammengestellte Handwerkerteams. *(W)*
→ *139 Zimmermann
& de Perrot*

Bundesamt für Kultur

Das *Bundesamt für Kultur* (BAK) fördert das kulturelle Leben in seiner Vielfalt und schafft die Voraussetzungen, damit sich dieses unabhängig entfalten und weiterentwickeln kann.
Es unterstützt das künstlerische Schaffen in den Sparten Film, bildende Kunst und Design. Zu seinem Aufgabenbereich gehören die Unterstützung und Förderung der Ausbildung junger Auslandschweizer/innen und der Anliegen der verschiedenen Sprach- und Kulturgemeinschaften. Das BAK sorgt dafür, dass die Interessen des Ortsbildschutzes, der Denkmalpflege und der Archäologie gewahrt bleiben. Es betreut wertvolle Sammlungen, Bibliotheken, Archive, betreibt Museen und formuliert die Kulturpolitik des Bundes.
Es gliedert sich in die Bereiche Kulturförderung, Schweizerische Nationalbibliothek und Schweizerisches Landesmuseum. Das BAK gehört dem Eidgenössischen Departement des Innern an.
(www.bak.admin.ch)
→ *Eidgenössischer Wettbewerb für Design*
→ *Wettbewerb «Die schönsten Schweizer Bücher»*

Büronomade

Der *Büronomade* arbeitet im Hotel, in der Lounge des Flughafens oder in irgend einem anderen Winkel. Gelegentlich zieht er sich mitsamt seiner Arbeit an einen einsamen Ort zurück. Das kann er machen, denn durch die Telekommunikation hat er die volle Kontrolle über das Geschäft. Die moderne Bürotechnik ermöglicht nomadische Arbeitsformen ohne dass die Organisation leidet. Telefax, Labtop, Funktelefon machen es weitgehend überflüssig, die Verwaltungsarbeit an einen Ort zu zwingen.
→ *75 Jean-Philippe Bonzon*
→ *Nomadic Furniture*

C

Calibre

Les *calibres* à limites sont des outils de contrôle utilisés dans

l'industrie mécanique permettant de vérifier de façon simple le respect des exigences fonctionnelles des pièces après usinage. Ils sont utilisés en cours de production ou de réception. *(W)*
Outil quotidien préféré de Nicolas Eigenheer

Calvin & Hobbes
Bande dessinée américaine (*comic strip*) écrite et illustrée par Bill Watterson, où l'on peut suivre les aventures humoristiques de *Calvin*, un enfant imaginatif de six ans, et de *Hobbes*, son tigre en peluche sarcastique. Calvin reste éternellement âgé de six ans. Ironiquement, dans un des premiers

Chat
Jean-Baptiste Perroneau, Portrait de Magdaleine Pinceloup de la Grange, née de Parseval (1747)

strips, le père de Calvin lui dit qu'il pense qu'il aura toujours six ans. *(W)*
Personnages de fiction préférés de Raphaël Von Allmen

Carpe Diem
«Carpe diem [quam minimum credula postero.]» *Horatius* («Cueille le jour présent, en te fiant le moins possible au lendemain».) Horace
Expression favorite de Nicolas Le Moigne

Cattaneo Claudia → ☐
Mitglied der Eidgenössischen Designkommission
Kunstwissenschaftlerin
Co-Leiterin des Gewerbemuseums Winterthur

Cellophane
La *cellophane* est un film fin et transparent constitué d'hydrate

de cellulose. C'est un matériau très utilisé pour les emballages alimentaires du fait de sa transparence et de son étanchéité aux micro-organismes. A l'époque de sa découverte il n'y avait pas d'autre matériau souple et parfaitement transparent, les plastiques modernes n'existant pas encore. On peut donc surveiller la conservation d'un aliment (tel les confitures) sans ouvrir le récipient. *(W)*
→ *129 Julie Usel*

Cerveau
Le *cerveau* humain est capable de traiter un milliard d'informations à la seconde. *(W)*
Outil de travail préféré de Cédric Decroux

Chaimowicz Marc Camille
*1947, Paris (F)
Künstler
Lebt und arbeitet in Dijon (F) und London (GB)
Chaimowicz' Installationen, die in den vergangenen Jahren für eine jüngere Künstlergeneration von grossem Einfluss waren, verbinden verschiedene

Claudia Cattaneo

Medien wie Malerei, Skulptur, Fotografie, Film und Performance. Ausgehend von einem visuellen Repertoire, das sich u. a. aus Kunst, Innenarchitektur, Literatur und Film speist, entwickelt der Künstler komplexe Zusammenhänge, in denen Angewandtes und Autonomes verbunden werden. *(www.migrosmuseum.ch)*
→ *125 Lex Trüb*

Chasseral
1607,4 m
BE
Der *Chasseral* ist die höchste Erhebung im Berner Jura.
Lieblingsberg von Alberto Vieceli

Chat → ☐
En France, le noir et le rouge représentent les couleurs du diable; aussi les chats noirs sont-ils souvent rejetés, même encore aujourd'hui, de peur qu'ils n'attirent le malheur. Au contraire, en Angleterre, ils portent bonheur: on dit qu'ils amèneront un fiancé à la jeune fille de la maison. En France, le mariage sera heureux si un chat éternue près de la jeune épouse au matin de ses noces. Et, en Provence et en Italie, si le chat de la maison vient à disparaître, quelqu'un risque de mourir dans la famille. *(W)*
Animal détesté par Emilie Meldem

Choreograf
Ein *Choreograf* ist der kreative Gestalter einer Choreografie. Im Tanztheater ist er gleichzeitig der Regisseur des Stückes, in Oper, Schauspiel und Musical arbeitet er meist mit übergeordneten Regisseuren zusammen. *(W)*
→ *139 Martin Zimmermann*
→ *Bühnenbild*
→ *Choreografie*

Choreografie
Choreografie (griech. «Tanzschrift») bezeichnet heute das Erfinden und Einstudieren von Bewegungen, meist in Zusammenhang mit Tanz. Eine Choreografie wird ebenso wie eine musikalische Komposition als Kunstwerk betrachtet und reicht vom kurzen Solo- oder Showtanz (z. B. Michel Fokines «Der sterbende Schwan», 1907) bis zur mehrstündigen Inszenierung eines Tanztheaterstückes mit vielen Personen und komplexer Handlung.
→ *139 Zimmermann & de Perrot*

Claquettes
Style de danse né aux Etats-Unis au XIXe siècle. Résultat de la fusion de l'*African Shuffle* et de

pas de danses folkloriques européennes (bourrées et gigues irlandaises, écossaises et anglaises). *(W)*
Sport favori d'Emilie Meldem

Clown
Artist, dessen Kunst es ist, Menschen zum Erstaunen, Nachdenken und auch zum Lachen zu bringen. *(W)*
Traumberuf von Dimitri de Perrot

Cneai
Créé en 1997, le *Cneai* est un centre national d'art contemporain consacré au domaine de la publication d'artiste et de l'œuvre-média. Situé à neuf kilomètres de Paris sur l'île des Impressionnistes de Chatou, ce qui fut la maison Levanneur et l'atelier d'André Derain accueille quatre salles d'exposition, un salon vidéo, et un atelier de production. Le Cneai développe et présente un programme d'exposition, un programme de publication, de production et deux collections: la collection «Multiple» composée des œuvres produites au Cneai et la collection «FMRA» qui rassemble neuf mille publications d'artistes (www.collection-fmra.org), livres d'artistes, vyniles, journaux, éphéméras. Amarrée aux abords du centre d'art, la Maison flottante du Cneai, résidence interdisciplinaire dans son esprit comme dans son programme d'actions, a été dessinée par les frères Bouroullec et Jean-Marie Finot et créée en 2007. Auteurs, artistes, écrivains, théoriciens y sont invités pour concevoir des projets publiés. Croisant le programme d'expositions, une programmation d'actions, de performances, de productions et de workshops est menée au Cneai et hors les murs. *(www.cneai.com)*
→ *125 Lex Trüb*

Lorette Coen

Coen Lorette → ☐
Présidente de la Commission fédérale du design
Commissaire indépendante Lausanne

Cohen Lynne
*1944, Wisconsin (USA)
Photographe
Vit et travaille à Montréal (CA)
Lynne Cohen est réputée pour ses photographies d'espaces intérieurs domestiques et institutionels (salons, halls, bureaux, laboratoires, stands de tir, showrooms, fabriques, spas, installations militaires…). *(W)*
Idéal de Catherine Leutenegger

Cohen Sacha Noam Baron
*1971, London (GB)
Britischer Komiker und Schauspieler, der besonders für die durch ihn verkörperten Charaktere Ali G, Borat und Bruno bekannt ist.
Baron Cohens Humor besteht aus der Entwicklung von Alter Egos, die dann, oft ohne dass andere von der Fiktivität der Charaktere wissen, durch provokative Fragen und Handlungen den Habitus, die sozialen Normen und Werte der Interviewpartner offenlegen. *(W)*
Vorbild von Aude Lehmann

Collection *(1)*
Ensemble de modèles présentés à la presse et à la clientèle par les professionnels de l'habillement, en particulier par la couture création. (C'est Charles Frédéric Worth qui eut l'idée, en 1858, de créer des collections saisonnières et de les présenter sur des mannequins vivants. Aujourd'hui, la couture création est tenue, comme telle, de présenter deux collections annuelles d'au moins 75 modèles originaux exécutés dans ses ateliers). *(W)*
→ *103 Emilie Meldem*

Collection *(2)*
Une *collection* est à la fois un regroupement d'objets correspondant à un thème, et l'activité qui consiste à réunir, entretenir et gérer ce regroupement. *(W)*
→ *87 Kiko Gianocca*
→ *82 Fulguro*

Computer
Ein *Computer* (v. lat. *computare*, zusammenrechnen), auch Rechner genannt, ist ein Apparat, der Daten mit Hilfe einer programmierbaren Rechenvorschrift verarbeiten kann. *(W)*
Bevorzugtes Arbeitsgerät von Lukas Zimmer

Concorso federale di design
Dal 1918 l'Ufficio federale della cultura organizza annualmente il *Concorso federale di design* destinato a giovani designer di talento. I vincitori hanno la possibilità di scegliere tra una somma di denaro e un soggiorno di lavoro presso studi rinomati e

atelier della Confederazione sia in Svizzera che all'estero. Oltre ad assegnare premi in denaro, il Concorso si prefigge di creare delle strutture in grado di aiutare le vincitrici e i vincitori a emergere, e a evolvere nella propria carriera.

I lavori e i progetti premiati sono presentati e documentati nell'ambito di una mostra di più ampio respiro. La mostra si svolge ad anni alterni al Museum für Gestaltung Zürich e al mudac (Musée de design et d'arts appliqués contemporains) di Losanna. Un catalogo approfondito presenta i lavori esposti e si esprime in merito ad aspetti specifici del design contemporaneo. La mostra e la pubblicazione si rivolgono sia a professionisti che a un pubblico interessato in Svizzera e all'estero.

I lavori inoltrati sono valutati dai membri della Commissione federale del design e da persone esperte provenienti dalla Svizzera e dall'estero. I lavori presentati non sono unicamente confrontati e valutati all'interno della stessa disciplina, ma viene anche adottato un approccio interdisciplinare. Il concorso ha un duplice obiettivo:
– premiare i prototipi promettenti che imboccano la strada della produzione in serie o già prodotti in serie e già presenti sul mercato;
– premiare i lavori sperimentali realizzati come pezzi unici o in edizioni limitate.
Possono concorrere designer svizzeri* fino all'età di quarant'anni, singolarmente o a gruppi**.
* Sono considerate cittadini svizzeri le persone che possiedono la nazionalità svizzera oppure sono stabilmente residenti in Svizzera.
** Se si tratta di iscrizioni di gruppi, almeno la metà dei partecipanti deve possedere la nazionalità svizzera oppure essere stabilmente residente in Svizzera e non superare il limite d'età richiesto.
(www.bak.admin.ch)
→ *Premi federali di design 2008*
→ *Ufficio federale della cultura*

Concorso «I più bei libri svizzeri»
Dal 1999 il Dipartimento federale dell'interno ha affidato il concorso «I più bei libri svizzeri» – patrocinato dal *Buchverlegerverband der deutschsprachigen und rätoromanischen Schweiz* (VVDS), dall'*Association Suisse des éditeurs de langue française* (ASELF) e dalla Società editori della Svizzera italiana (SESI) – all'Ufficio federale della cultura. Una giuria di cinque membri seleziona i libri più belli applicando essenzialmente criteri estetici. I libri premiati ottengono una distinzione e sono presentati in due mostre, che si tengono al Museum für Gestaltung Zürich e al mudac (Musée de design et d'arts appliqués contemporains) di Losanna.

Scopo del concorso è la promozione e la diffusione del design librario in Svizzera.

Il concorso è aperto a tutti i settori impegnati nella realizzazione e produzione di libri. L'iscrizione al concorso va eseguita dalle creatrici e dai creatori, dalle case editrici e dalle tipografie. Almeno una delle tre parti citate deve essere attiva in Svizzera.

La giuria seleziona i libri da premiare nel mese di gennaio di ogni anno.

Il modulo d'iscrizione per la partecipazione al concorso può essere richiesto per telefono o per posta elettronica, dal mese di ottobre, all'Ufficio federale della cultura, Sezione arte e design, oppure scaricato direttamente dal sito Internet.
(www.bak.admin.ch)
→ *ch.books@bak.admin.ch*
→ *«I più bei libri svizzeri», Hallwylstrasse 15, 3003 Berna*

Concours fédéral de design
Depuis 1918, l'Office fédéral de la culture organise chaque année le *Concours fédéral de design*. Les jeunes designers de talent se voient attribuer des prix qui peuvent être perçus, à choix, soit en espèces soit sous forme de séjour de travail dans des bureaux ou des ateliers renommés et choisis, en Suisse comme à l'étranger.

Outre les prix en espèces, le but du concours est de créer les structures et les canaux qui permettent aux récipiendaires des prix de faire un premier pas dans le «vaste monde». L'Office fédéral de la culture établit les contacts nécessaires à cet effet. Dans le cadre d'une exposition, les travaux et les projets distingués par le concours sont présentés et documentés dans un contexte plus large. L'exposition se tient chaque année, alternativement au «Museum für Gestaltung Zürich» ou au mudac (Musée de design et d'arts appliqués contemporains) à Lausanne. Un vaste catalogue présente les travaux des designers primés et prend position sur des questions et des thèmes spécifiques relatifs au design actuel. L'exposition et le catalogue s'adressent aussi bien aux créateurs professionnels qu'à un large public intéressé, tant en Suisse qu'à l'étranger.

Les travaux soumis dans le cadre du concours sont évalués par les membres de la Commission fédérale du design. La Commission est formée de designers professionnels reconnus et d'experts nationaux et internationaux, nommés par le Conseil fédéral. Les travaux soumis ne sont pas évalués dans le cadre de leur discipline spécifique, mais comparés entre eux et discutés sur une base interdisciplinaire. Le concours poursuit deux objectifs:
– distinguer aussi bien des prototypes prometteurs qui tentent de faire le pas vers la production en série que des produits qui sont déjà distribués en série sur le marché;
– primer des travaux expérimentaux, créés en exemplaire unique ou produits en petites séries.
Le concours est ouvert aux designers suisses* jusqu'à l'âge de quarante ans, individuellement ou en groupe**.
* Sont considérées comme suisses les personnes qui ont la citoyenneté suisse ou qui sont domiciliées en Suisse.
** Pour qu'un groupe puisse se porter candidat, la moitié au moins de ses participants doit avoir la citoyenneté suisse ou son domicile fixe en Suisse, et ne pas avoir dépassé l'âge limite de quarante ans.
(www.bak.admin.ch)
→ *Bourses fédérales de design 2008*
→ *Office fédéral de la culture*

Concours «Les plus beaux livres suisses»
Depuis 1999, l'Office fédéral de la culture organise chaque année le *Concours «Les plus beaux livres suisses»*. Le concours a lieu sous le patronat de la «Buchverlegerverband der deutschsprachigen und rätoromanischen Schweiz» (VVDS), l'Association suisse des éditeurs de langue française (ASELF) ainsi que la «Società editori della Svizzera italiana» (SESI). Un jury composé de cinq membres désigne les livres primés sur des critères formels. Les livres choisis reçoivent un prix. Ils sont exposés au «Museum für Gestaltung Zürich», puis au mudac (Musée de design et d'arts appliqués contemporains) à Lausanne. Un catalogue leur est également consacré.

Le but du concours est de promouvoir le design du livre en Suisse et d'attirer l'attention du public sur les meilleures productions. Le concours s'adresse à tous les designers de livres ainsi qu'à toutes les institutions et entreprises œuvrant à la production de livres. Néanmoins, l'inscription au concours doit se faire par le biais du graphiste, de la maison d'édition ou de l'imprimerie. Au moins une des trois parties susmentionnées doit être établie en Suisse.

L'évaluation du jury a lieu en janvier.

Le formulaire d'inscription pour la participation au Concours peut être demandé par e-mail; à partir du mois d'octobre auprès de l'Office fédéral de la culture, Section art et design, ou être téléchargé directement depuis Internet.
(www.bak.admin.ch)
→ *ch.books@bak.admin.ch*
→ *«Les plus beaux livres suisses», Hallwylstrasse 15, 3003 Berne*

Copy & Paste
Copy & Paste (*Kopieren und Einfügen*, abgekürzt *C&P*) ist ein zweistufiges Prinzip der Übertragung von Daten zwischen Software-Anwendungen. Zuerst werden die zu übertragenden Daten aus einer Anwendung heraus in einem externen Zwischenspeicher gespeichert (*Copy*, kopieren, in der Regel durch Markieren und den Befehl *Strg-C*). Von dort aus können sie dann in derselben oder einer anderen Anwendung des Nutzers beliebig oft wieder eingelesen werden (*Paste*, einfügen, in der Regel *Strg-V*). *(W)*
→ *136 Lukas Zimmer*

Corpo
In particolare, in meccanica classica, un *corpo* è un concetto matematico atto ad astrarre alcune caratteristiche comuni delle cose naturali che ci circondano al fine di descriverne il loro comportamento meccanico. In tale accezione, si considera che un corpo è dotato di massa (inerziale, gravitazionale) e che di esso si può determinare la posizione, la velocità e in alcuni casi l'orientazione nello spazio, e come queste cambiano sotto l'azione delle forze a esso applicate. Al concetto di posizione si associa il concetto di volume. Su quest'ultima proprietà si basa la definizione aristotelica di corpo: «Corpo è ciò che ha estensione in ogni direzione». *(Fisica) (W)*
→ *87 Kiko Gianocca*

Cortis & Sonderegger
Jojakim Cortis und Adrian Sonderegger
Fotografen dieses Katalogs
Fotografen FH
Zürich
Jojakim Cortis & Adrian Sonderegger zeigen uns einen fotorealen Blick hinter die Kulissen des Eidgenössischen Wettbewerbs für Design 2008. Als Fans der «Knoff-Hoff-Show» hatten die Fotografen die Idee, die Gewinnerarbeiten, welche bereits von der Jury in den Räumen des PROGR – Zentrum für Kulturproduktion, Bern – beurteilt und selektioniert wurden, einer zusätzlichen Untersuchung, einem «echten Härtetest» zu unterziehen. Im Dienste einer formal objektiven Qualitätsprüfung richteten die beiden Fotografen vor Ort während rund einer Woche ihr eigenes Forschungslabor ein. Die bis dato unbekannten physikalischen Eigenschaften der ausgezeichneten Objekte sollten getestet, durch eine messende Prüfung erfasst und für den vorliegenden Katalog in der Untersuchungssituation abgelichtet werden. Resultat der fotografischen Erforschung und Aneignung sind Bilder, welche die Dinge so zeigen, wie die Fotografen uns das Fotografierte sehen lassen wollten – neutral, emotionslos, doch auch mit Respekt. Die Designobjekte sind im Scheinwerferlicht in Szene gesetzt und beginnen im Licht des Sinns von selbst zu posieren, sobald sie den Blick eines Subjekts auf sich spüren. Eine surreale Wettbewerbssituation, welche die Eigenschaften der Objekte um ungekannte Qualitäten ergänzt und das Augenmerk auf die Wahrnehmung von Bewertungskriterien lenkt.
→ *Knoff-Hoff-Show*
→ *Qualitätsprüfung*
→ *www.ohnetitel.ch*

Course à pied
La *course à pied* est, avec la marche, l'un des deux modes de locomotion bipèdes de l'homme. Caractérisée par une phase de suspension durant laquelle aucun des deux pieds ne touche le sol. *(W)*
Sport favori de Cédric Decroux

Crayon
Le *crayon* mine, appelé aussi crayon à papier, crayon-bois ou crayon gris.
Le fait qu'il soit facile d'effacer ses traits à l'aide d'une gomme est l'une des raisons de son succès. *(W)*
Outil de travail préféré de Jean-Philippe Bonzon
→ *Taille-crayon*

Crepuscolo
Per *crepuscolo* s'intende il lasso di tempo che intercorre tra il tramonto del sole e il momento in cui esso raggiunge l'altezza di

-6° sotto l'orizzonte. In questo intervallo è possibile distinguere chiaramente gli oggetti circostanti e condurre attività all'aperto senza utilizzare illuminazione supplementare. *(W)*
Fenomeno naturale preferito di Kiko Gianocca

Creux-du-Van

Creux-du-Van → □
1460 m
NE
Le *Creux-du-Van* est un cirque rocheux d'environ 1400 mètres de large pour 150 mètres de haut. Il se situe dans le Val-de-Travers. Le cirque s'est formé suite à l'érosion provoquée par un glacier local qui rejoignait le glacier du Rhône. L'accumulation d'eau et les infiltrations ont provoqué des éboulis de forme circulaire. *(W)*
Montagne préférée de Nicolas Eigenheer et Raphaël Von Allmen

Patrizia Crivelli

Crivelli Patrizia → □
Kunsthistorikerin
Leiterin Dienst Design
Bundesamt für Kultur
Bern
→ Mirjam Fischer
→ Yvonne Fuhrer
→ Eduard Hartmann
→ Aurelia Müller
→ Barbara Vlachos

Cuche Didier → □
*1974, Pâquier
Skieur alpin suisse
Ratant souvent la victoire ou le podium de très peu, il s'est lui-

même surnommé «le Poulidor du ski alpin». *(W)*
Idéal de Nicolas Eigenheer

Cuillère (petite, ou à moka)
La *cuillère à moka* prend la forme d'une cuillère à café de très petite dimension, si bien que parfois, elle peut s'assimiler à une touillette. *(W)*
Outil quotidien préféré de Julie Usel

Cultivateur de thé sur la montagne wu
Le *cultivateur* est une personne qui travaille la terre afin d'obtenir une récolte. Cela commence par différents travaux pour aérer la terre (avec une charrue par exemple). Ensuite vient le semis des graines avec éventuellement un apport d'engrais. Enfin, vient la récolte (moisson pour les céréales, fauchage pour le foin). *(W)*
Métier de rêve de Nicolas Eigenheer

Cutter
Couteau à lame rétractable qui

Didier Cuche

permet de couper des matériaux fins et peu résistants.
Le mot *cutter* pour désigner cet outil est un anglicisme. *(W)*
Outil de travail préféré de Nicolas Le Moigne

D

Dämmerung
Die *bürgerliche Dämmerung* (auch *zivile Dämmerung*), die in Deutschland im Durchschnitt etwa 39 Minuten dauert, gestattet noch Zeitungslesen im Freien. *(W)*
Lieblingsnaturphänomen von Tania Prill

Dampfdruckkocher (1860)

Dampfkochtopf → □
Der *Drucktopf, Dampfkochtopf, Papinscher Topf* oder *Schnellkochtopf* ist ein Kochtopf, in dem Gerichte unter erhöhtem Druck und damit mit Temperaturen über 100°C gegart werden, wodurch sich die Kochzeit reduziert. *(W)*
Lieblingsalltagsgerät von Aude Lehmann

Danse orientale
La *danse orientale* (en arabe raqs al sharqi), comprenant le baladi (danse populaire), le sharqi (l'orientale) et l'inté-

gration de styles folkloriques tels que le saidi, est aussi appelée danse du ventre, bien que ce terme réducteur soit souvent mal vu par les danseuses orientales professionnelles. C'est un art ancestral, une danse à la gloire des femmes. *(W)*
Sport favori de Julie Usel

Cédric Decroux (Fulguro)

Decroux Cédric **1976*
→ 82, → □
Designer de produits
Vit et travaille à Lausanne
info@fulguro.ch
www.fulguro.ch
Etudes à l'Ecole cantonale d'art de Lausanne (ECAL), diplôme en tant que designer HES, design industriel, 2001
Stages chez «Atelier Oï», La Neuveville, 2000; «Fabric», Lausanne, 1997
Travaille aussi avec Yves Fidalgo sous le label «Fulguro»
Prix: Lapin d'argent, Die Besten 06, Hochparterre und SFDRS, Zurich, 2006 (avec Jean-Gilles Décosterd); 1er Prix, Expo.02, Les Banques Cantonales Suisses, Bienne, 2002 (avec «Waterproof»); 3ème Prix, Bosch Architektur Preis, Bosch, Zurich, 2002 (avec «JJZ Architekten»); 3ème Prix, Concours Ebel, Ebel SA, La Chaux-de-Fonds, 2001
Expositions: «Jour de pluie», IDEE Shop, Design Week, Tokyo (J), 2007; Salone Satellite, Milan (I), 2007; «Waternetworks», The Cube, Manchester (GB), 2007; «Inout config.01», Musée de design et d'arts appliqués contemporains, Lausanne, 2006; «Waternetworks», The Lighthouse, Glasgow (GB), 2006; Designer's Saturday, Langenthal, 2004; Galerie kreo, Paris (F), 2002 («Motion Notebook», film d'animation pour Ronan et Erwan Bouroullec); «Paper Invasion», BASTA Espace d'art contemporain, Lausanne, 2002; «Pavillon Territoire Imaginaire», Expo.02, Bienne, 2002; Toni Molkerei, Zurich, 2002
Publié dans «Graphic Magazine» n°11, 2007; «La Gruyère», 18.10.2007; «Worldchanging»,

Harry N. Abrams, 2006; «Form» n°205, 11/2005; «Hidden Track», Die Gestalten Verlag, 2005; «Type-One», Die Gestalten Verlag, 2004

Delfin
Das Gehirn der Delfine ist gross und besitzt eine komplexe Hirnrinde, was ein Grund für viele Zoologen ist, sie zu den intelligentesten Tieren zu zählen. Delfine können Bewegungsfolgen und Reaktionen auf akustische Reize schnell erlernen, bei abstrakten Gegenständen wie Drei- oder Vierecken liegt ihre Lerngeschwindigkeit jedoch unter der von Tauben und Ratten. *(W)*
Unlieblingstier von Joy Ahoulou

Lisbeth Den Besten

Den Besten Lisbeth → □
Expert at the Swiss Federal Design Competition 2008
Art historian and jewellery expert
Amsterdam (NL)

Denti della Vecchia
1492 m
TI
Massif montagneux préféré de Julie Usel

Dents du Midi
3257 m
VS
D'est en ouest: la Cime de l'Est, la Forteresse, la Cathédrale, l'Éperon, la Dent Jaune, les Doigts et le point culminant: la Haute Cime. *(W)*
Massif montagneux préféré de Jean-Philippe Bonzon

Département fédéral de l'intérieur
En Suisse, *le Département fédéral de l'intérieur* (DFI) est l'un des sept départements du Conseil fédéral. Depuis le 1er janvier 2003, le conseiller fédéral Pascal Couchepin est à la tête du DFI. Le secrétariat général (SG-DFI) est un organisme de logistique et de gestion qui fait le lien entre le conseiller fédéral et les différents offices gérés par le département. *(W)*
→ www.edi.admin.ch

de Perrot Dimitri *1976*
→ *139*, → ☐
Musiker und Komponist
Lebt und arbeitet in Zürich
mail@dimitrideperrot.com
www.zimmermanndeperrot.
com
www.dimitrideperrot.com
Autodidakt

Dimitri de Perrot

Arbeitet auch mit Martin Zimmermann unter dem Label «Zimmermann & de Perrot»
Preis/Auszeichnung: Schweizer Innovationspreis, Vereinigung KünstlerInnen – Theater – VeranstalterInnen Schweiz, Biel, 2008 (für «Gaff Aff»)
Theaterstücke: «Gaff Aff», 2006; «Anatomie Anomalie», 2005 (für die Compagnie Anomalie); «Janei», 2004; «Hoi», 2001; «Gopf», 1999 (im Kollektiv Metzger/Zimmermann/de Perrot)
Tournee mit dem Theaterstück «Gaff Aff»: Centre Dramatique National, Paris (F), 2008; Centro Cultural de Belém, Lissabon (P), 2008; Scène Nationale à Marseille, Marseille (F), 2008; Théâtre National de Nice, Nizza (F), 2008; De Singel, Antwerpen (B), 2007; London International Mime Festival, London (GB), 2007; Teatro Central, Sevilla (E), 2007; Theater Chur, Chur 2007; Theaterhaus Gessnerallee, Zürcher Theaterspektakel, Zürich, 2007; Théâtre Vidy-Lausanne, Lausanne, 2006
Publiziert in «Télérama», 13.10. 2007; «Neue Zürcher Zeitung», 16.6.2007; «Tages Anzeiger», 13.6.2007; «Sonntagszeitung», 15.4.2007; «NZZ am Sonntag», 11.3.2007; «Pariscope», 20.12.2006; «ELLE», 18.12. 2006; «Libération», 9.12.2006; «Le Temps», 25.10.2006

Design *(d.)*
Design (dt. «Gestaltung») bedeutet meist Entwurf oder Formgebung. Es ist ein Lehnwort aus dem Englischen, das wiederum aus dem lateinischen *designare, (be)zeichnen*, abgeleitet ist und in viele Sprachen Eingang gefunden hat. [...]

Anders als bei eindeutigen Wissenschaften wie etwa der Mathematik kann die Perspektive, das Tätigkeitsfeld oder die «Disziplin» Design nicht auf einen allgemein anerkannten Nenner gebracht werden. Vor allem muss besonders im Design (noch) stark zwischen Theorie und Praxis unterschieden werden. Schliesslich liefert die Designtheorie bislang kaum konkrete Anhaltspunkte, die in der Praxis genutzt werden können, so dass die praktisch agierenden Designer in der Tat sehr ungebunden von einer Theorie arbeiten, sich dabei jedoch trotzdem an empirischen Erkenntnissen, Konzepten und teils logischen Systemen orientieren. Hinzu kommt in der Praxis eine Instanz für Entscheidungen, die oft als «Intuition» bezeichnet wird. *(W)*

Design *(e.)*
Design, usually considered in the context of applied arts, engineering, architecture, and other creative endeavors, is used both as a noun and a verb. As a verb, "to design" refers to the process of originating and developing a plan for a product, structure, system, or component. As a noun, "a design" is used for either the final (solution) plan (e.g. proposal, drawing, model, description) or the result of implementing that plan (e.g. object produced, result of the process). More recently, processes (in general) have also been treated as products of design, giving new meaning to the term *"process design"*.
Designing normally requires a designer to consider the aesthetic, functional, and many other aspects of an object or a process, which usually requires considerable research, thought, modeling, interactive adjustment, and re-design. *(W)*

Design *(f.)*
Mot anglo-saxon qui tire son étymologie du français *dessein* («projet, intention») et *dessin*. A partir du XVIIIᵉ siècle, les mots «dessin» et «dessein» prennent une graphie et des sens distincts, comme si, en français, l'art avait fini par séparer le geste («dessin») du projet («dessein»). Le design signifie donc à la fois projeter et réaliser.
Le design est une discipline visant à représenter concrètement une pensée, un concept ou une intention en tenant compte éventuellement d'une ou des contraintes fonctionnelles, structurelles, esthétiques, didactiques, symboliques, tech

niques et productives. Ces représentations peuvent être tangibles ou virtuelles.
Il n'existe pas de définition unique du design. Son sens varie selon les époques, les cultures et les individus. C'est cette complexité qui le caractérise. En dehors des interprétations variées selon les cultures, le design peut se concevoir soit comme un art appliqué (exécution créative) soit comme une discipline théorique. *(W)*

Designer *(d.)*
Der *Designer* formt und gestaltet Medien wie Fotos, Filme, Webseiten etc. oder Produkte, meist seriell zu fertigende Gebrauchsgegenstände der unterschiedlichsten Art, wie Bekleidung, Möbel, Haushaltsgegenstände, Autos, Schmuck, Werkzeuge etc. *(W)*

Designer *(e.)*
A *designer* is a person who designs something. Perhaps the broadest definition is that provided by Herbert Simon: "Everyone designs who devises courses of action aimed at changing existing situations into preferred ones."
As well as amateur designers, there are many professional designer occupations (see list of examples). To become a professional designer usually requires study to degree level and certain work experience or training. Entry to some design professions is strictly controlled or limited by legal requirements, but use of the title *designer* is generally un-regulated.
Working as a designer usually implies being creative in a particular area of expertise. Designers are usually responsible for making drawings or models for something new that will be made by someone else. Their work takes into consideration not only how something will look, but also how it will be used and how it will be made. There can be great differences between the working styles and principles of designers in different professions.
In the 1980s the term "designer" began to be applied to products such as furniture and clothing that had distinctive aesthetics or were the work of certain "signature" designers. So, for example, there were "designer chairs" and "designer jeans". The term later came to be applied to anything that was ostentatiously created for a purpose, such as "designer drugs", or even the "designer stubble" worn by some fashionable men. *(W)*

Designer *(f.)*
Un *designer* est une personne qui conçoit un produit en harmonisant les critères esthétiques et fonctionnels. Inter

Paul de Vivie

face entre les services commerciaux qui déterminent les besoins des clients et les services fabrication, le designer réunit les impératifs des uns et des autres pour les formaliser en un produit «intelligent». [...]
Le terme «design» tend à être associé à différents métiers allant du «stylisme» au «graphisme» jusqu'à la «mode» et à «l'architecture intérieure» ou à la réalisation de pages web, voire à la conception de logiciels.
Il existe plusieurs sous-catégories dans le design:
– Design industriel: design mobilier, design produit, design transport...
– Graphisme: design graphique, typographie, calligraphie, web design...
– Mode: fashion design, stylisme, création textile...
Sans parler des incursions dans l'architecture ou la décoration comme l'architecture d'intérieure, la publicité sur le lieu de vente (PLV) ou le merchandising, voire l'urbanisme.
On peut aussi aujourd'hui parler d'une nouvelle catégorie commune avec le champ musical: le design sonore.
Les associations entre le terme «design» et une certaine démarche marketing nuisent à une bonne compréhension de ces métiers et conduisent à la confusion la plus complète.
Le design est un «art appliqué» et non un terme fourre-tout servant à décrire toute activité artistique ou à être le vecteur de politiques commerciales douteuses. *(W)*

Designer de produits
→ *75 Jean-Philippe Bonzon*
→ *82 Fulguro*
→ *94 Nicolas Le Moigne*
→ *133 Raphaël Von Allmen*
→ *Objet*
→ *Objet fonctionnel*

Designer indépendant
Métier de rêve de Jean-
Philippe Bonzon
→ *Designer*

de Vivie Paul → ☐
(dit Vélocio)
**1853*, Pernes-les-Fontaines (F)*
†1930, Saint-Etienne (F)
Figure emblématique du cyclotourisme français.
Idéal de Cédric Decroux

Diablerets
3210 m
BE
Massif montagneux composé de cinq sommets: L'Oldenhorn (3126 m), le Scex Rouge (2977 m), les Diablerets (3210 m), la Tête-Ronde (3043 m) et le Culant (2792 m)
Massif montagneux préféré de Catherine Leutenegger

Dialogue
Dialogue (sometimes spelled dialog) is a reciprocal conversation between two or more entities. The etymological origins of the word (in Greek *diá*, [through] and *logos* [word, speech] creating concepts such as flowing-through meaning) do not necessarily convey the way in which people have come to use the word, with some confusion between the prefix *diá-*, (through) and the prefix *di-*, (two) leading to the erroneous assumption that a dialogue is necessarily between only two parties. *(W)*
→ *87 Kiko Gianocca*

Dipartimento federale dell'interno
Il *Dipartimento federale dell'interno* (DFI) è uno dei sette dipartimenti della Confederazione. Pascal Couchepin è capo del DFI dal 1° gennaio 2003. *(www.edi.admin.ch)*

Discours sur le style
Titre donné au discours de réception de Buffon à l'Académie française (1753). L'auteur plaide pour une rhétorique de type classique, critiquant aussi bien le désordre de la pensée, ne fût-il qu'apparent, que la préciosité de l'expression et le goût du bon mot. «Le style est l'homme même», c'est-à-dire la marque de l'homme imposée au monde à travers la description ordonnée qu'il en propose. *(GDEL)*

DJ
Als *DJ* (engl. *disc jockey*) wird jemand bezeichnet, der Musik in einer individuellen Auswahl vor Publikum abspielt. *(W)*
Traumberuf von Martin Zimmermann
→ *Plattenspieler*

Dominik

Das lateinische *Dominicus* bedeutet «dem Herrn geweiht» oder «der zum Herrn Gehörende». *(W)*

Zweitname von Lex Trüb

Donna

Chi disse donna disse danno.

Lieblingssprichwort von Lex Trüb

Donner

Der *Donner* entsteht durch die plötzliche Ausdehnung der Luft, die durch den extremen Temperaturanstieg der Luft beim Durchgang eines Blitzes verursacht wird. Dieser Vorgang kann nur bei ausreichender Luftfeuchtigkeit gestartet werden. Die Luft dehnt sich mit einer Geschwindigkeit oberhalb der Schallgeschwindigkeit aus und durchbricht die Schallmauer. So wird eine Druckwelle aus verdichteten Luftmolekülen erzeugt, die sich mit Schallgeschwindigkeit ausbreitet und als lauter Knall wahrnehmbar ist. *(W)*

Lieblingsnaturphänomen von Aude Lehmann
Blitz und Donner sind die Lieblingsnaturphänomene von Joy Ahoulou
→ *Blitz*

Dormir

Qui dort dîne.

Proverbe favori d'Yves Fidalgo

Drais Karl

*1785, †1851, Karlsruhe (D)
Inventeur allemand

Karl Friedrich Christian Ludwig, baron Drais von Sauerbronn, est connu pour avoir inventé le premier «deux-roues»: la draisienne.

Idéal d'Yves Fidalgo

Drize

Longueur: 7.5 km
GE
Cours d'eau préféré de Julie Usel

Droopy

Chien anthropomorphe de dessin animé créé par Tex Avery. Il est lent et triste, mais est capable d'exploits surprenants, et peut être incroyablement joyeux («I am happy!»). Son discours est rare et paradoxal («Hello happy taxpayers!»). *(W)*

Personnage de fiction préféré de Jean-Philippe Bonzon

Durga → ▢

L'un des épithètes de Parvati, consort de Shiva, dans sa forme de déesse de la guerre. L'une des divinités principales du panthéon hindou. *(W)*

Personnage de fiction préféré de Julie Usel

E

Eastman George

*1854, Waterville (USA)
†1932, Rochester (USA)

Founded the Eastman Kodak Company and invented the roll of film, helping to bring photography to the mainstream. The roll film was also the basis for the invention of the motion picture film in 1888 by world's first filmmaker, Louis Le Prince, and a decade later by his followers Léon Bouly, Thomas Edison, the Lumière Brothers and Georges Méliès. *(W)*

→ *97 Cathrine Leutenegger*
→ *Kodak*
→ *Rochester*

Eclipse

Une *éclipse* correspond à l'occultation d'une source de lumière par un objet physique. En astronomie, une éclipse se produit lorsqu'un objet (comme une planète ou un satellite naturel) occulte une source de lumière (comme une étoile ou un objet éclairé) pour un observateur. Lorsque l'objet occultant a un diamètre angulaire nettement plus petit que celui de l'autre objet, on parle plutôt de transit. *(W)*

Phénomène naturel préféré de Catherine Leutenegger

La déesse Durga luttant contre Mahishasura, le démon-buffle (XVIIIe siècle)

Eidgenössische Förderpreise für Design 2008

210 Designer/innen haben sich für den Eidgenössischen Wettbewerb für Design 2008 beworben. Die Eidgenössische Designkommission unter dem Vorsitz von Lorette Coen hat in der Schlussrunde 19 Werke/Projekte von 22 Designerinnen und Designern prämiert.

Die Gewinner/innen entscheiden sich zwischen einem Geldpreis von 20 000 Franken, einem sechsmonatigen Praktikum oder einem sechsmonatigen Atelieraufenthalt in London oder New York.

(www.bak.admin.ch)
→ *Atelierplätze*
→ *Internships*
→ *Jury 2008*

Eidgenössischer Wettbewerb für Design

Das Bundesamt für Kultur organisiert seit 1918 alljährlich den *Eidgenössischen Wettbewerb für Design*, der sich an junge, talentierte Designer/innen richtet. Die Förderpreise des Wettbewerbs bestehen wahlweise aus Geld, Arbeitsaufenthalten in ausgewählten renommierten Büros oder freien Atelieraufenthalten sowohl in der Schweiz als auch im Ausland. Ziel des Wettbewerbs ist es, neben den Geldpreisen Strukturen und Gefässe zu schaffen, dank derer es den Gewinnerinnen und Gewinnern des Wettbewerbs gelingt, in ihrer beruflichen Karriere weiterzukommen und ihr Schaffen einer grösseren Öffentlichkeit zu präsentieren.

Im Rahmen einer Ausstellung werden die ausgezeichneten Arbeiten und Projekte in einem erweiterten Kontext vorgestellt und dokumentiert. Die Ausstellung findet von Jahr zu Jahr alternierend im Museum für Gestaltung Zürich oder im mudac (Musée de design et d'arts appliqués contemporains) in Lausanne statt. Ein umfassender Katalog stellt die prämierten Arbeiten vor und bezieht zu spezifischen Fragen und Themen des aktuellen Designs Stellung. Damit richten sich Ausstellung und Publikation sowohl an professionelle Gestalter/innen als auch an eine breite interessierte Öffentlichkeit im In- und Ausland.

Die eingereichten Arbeiten werden von den Mitgliedern der Eidgenössischen Designkommission und weiteren Expertinnen und Experten aus dem In- und Ausland beurteilt. Die vorgelegten Arbeiten werden dabei nicht nur innerhalb ihres jeweiligen Sachbereichs geprüft, sondern interdisziplinär miteinander verglichen und diskutiert. Ausgezeichnet werden:

– Erfolg versprechende Prototypen sowie Produkte, die bereits in serieller Produktion sind.
– Experimentelle Arbeiten, die als Unikate geschaffen oder in Kleinstserien hergestellt werden.

Teilnahmeberechtigt sind Schweizer* Designer/innen bis zum vierzigsten Altersjahr, einzeln oder in Gruppen**.

* Als Schweizer/innen gelten Personen, welche das Schweizer Bürgerrecht besitzen oder die in der Schweiz festen Wohnsitz haben.
** Bei Gruppenbewerbungen müssen mindestens die hälfte der Teilnehmenden das Schweizer Bürgerrecht besitzen oder in der Schweiz festen Wohnsitz haben und der Alterslimite von vierzig Jahren entsprechen.

(www.bak.admin.ch)
→ *Bundesamt für Kultur*
→ *Eidgenössische Förderpreise für Design 2008*

Eidgenössisches Departement des Innern

Das *Eidgenössische Departement des Innern* (EDI) ist eines der sieben Departemente des Bundesrates. Jeweils einer der Bundesräte steht dem Departement vor. Seit 2003 ist es Pascal Couchepin. *(W)*

→ *www.edi.admin.ch*

Eigenheer Nicolas **1983*

→ *78, → ▢*

Graphic designer
Vit à Corcelles et Genève
Travaille à Genève
nicolas@optimo.ch
nicolaseigenheer@net2000.ch

Nicolas Eigenheer

Etudes à l'Ecole cantonale d'art de Lausanne (ECAL), diplôme en tant que designer HES, communication visuelle, 2006
Stage chez «Optimo», Lausanne, 2004
Travaille aussi avec Olivier Pasqual
Prix: Diplôme d'honneur, Schönste Bücher aus aller Welt, Stiftung Buchkunst, Leipzig (D), 2008; Les plus beaux livres suisses, Office fédéral de la culture, Berne, 2008
Exposition: «We make fonts», Espace lausannois d'art contemporain, Lausanne, 2006
Publié dans «ECAL Typography. We make fonts», JRP|Ringier, 2006

Encyclopédiste → ▢

Les *Encyclopédistes* forment la «société de gens de lettres» à l'origine de la rédaction, de juin 1751 à décembre 1765, du *Dictionnaire raisonné des sciences, des arts et des métiers* sous la direction de Diderot et D'Alembert.

La composition des 17 volumes de texte et 11 de planches (initialement prévus pour tenir en 10 volumes) de la célèbre encyclopédie du XVIIIe siècle fut l'affaire d'environ 160 auteurs se réclamant, pour la plupart du groupe intellectuel connu sous le nom de *Philosophes* ayant favorisé l'avancement de la science et de la pensée laïque en soutenant la tolérance, la rationalité et la largeur d'esprit caractéristiques des Lumières.

Parmi quelques hommes excellents, explique Diderot, le maître d'œuvre, *il y en eut de faibles, de médiocres & de tout à fait mauvais. De là cette bigarrure dans l'ouvrage où l'on trouve une ébauche d'écolier, à côté d'un morceau de maître. (W)*

EPFL

L'Ecole Polytechnique Fédérale

de Lausanne (EPFL) est l'une des plus prestigieuses universités européennes. Elle a été classée au 18ᵉ rang mondial (2ᵉ européen) par la Shanghai Jiao Tong University dans son classement 2008. L'école fut fondée en 1853 à l'instigation de Louis Rivier, Jean Gay, Pierre-Joseph et Jules Marguet, en tant qu'école privée, sous le nom d'Ecole spéciale de Lausanne, inspirée par l'Ecole centrale de Paris. Elle devint le département technique de l'Académie de Lausanne publique en 1869. Lorsque cette dernière fut réorganisée et acquit le statut d'université en 1890, la faculté technique changea son nom en Ecole d'ingénieurs de l'Université de Lausanne. En 1946, elle fut rebaptisée Ecole polytechnique de l'Université de Lausanne (EPUL).

En 1969, l'EPUL fut séparée du reste de l'Université de Lausanne, et devint une institution fédérale sous son nom actuel, rejoignant l'Ecole polytechnique fédérale de Zurich.

A ce jour, l'école est l'une des six établissements publics autonomes qui forment le Domaine des Ecoles polytechniques fédérales et dépend donc, contrairement aux autres hautes écoles universitaires de Suisse qui sont généralement gérées par les cantons, de l'Etat fédéral. *(W)*
→ *110 Olivier Pasqual*
→ *www.epfl.ch*

Erziehung
«Gute Erziehung besteht darin, dass man verbirgt, wieviel man von sich selber hält und wie wenig von den anderen.»
Jean Cocteau
Lieblingszitat von Joy Ahoulou

Escrime
Le terme *escrime* est issu de l'ancien français *escremie* lui-même dérivé du francique *skirmjan* signifiant: défendre, protéger. Ce détour étymologique nous permet de prendre conscience que l'escrime est un art de défense, et plus spécifiquement l'art de se défendre avec une arme blanche.
Sport favori de Nicolas Le Moigne

Essai
Un *essai* est une œuvre de réflexion débattant d'un sujet donné selon le point de vue de l'auteur. *(W)*
→ *97 Catherine Leutenegger*

Esthétique
1. Caractère esthétique d'une forme d'art quelconque; harmonie, beauté: l'esthétique d'une construction.
2. Principes esthétique à la base d'une expression artistique, littéraire, etc.: l'esthétique romantique. *L'esthétique baudelairienne.*
Industr. Esthétique industrielle, technique ayant pour objet l'étude des produits éla-

borés par une entreprise, en les soumettant aux critères d'adaptation à l'usage, de beauté, de facilité de fabrication et de diminution des prix de revient. (Une Association internationale d'esthétique industrielle fut créée en 1930 par Jacques Vienot. On a plus souvent recours, aujourd'hui, à la notion de design.)
Encycl. Philos. Trois tendances majeures définissent aujourd'hui l'esthétique. La première retrace l'évolution des formes dans la nature et dans l'art, et retrouve ainsi la préoccupation unifiante des philosophies classiques dans leur quête d'une définition de l'essence du beau. La seconde pose les problèmes du jugement de goût du spectateur, de la création artistique et de la détermination ou libidinale. La troisième enfin se subdivise en une multiplicité d'approches: esthétique expérimentale, psychanalyse de l'art, sociologie de l'art, sémiologie littéraire ou picturale, esthétique industrielle. *(GDEL)*
→ *97 Catherine Leutenegger*

Etang de la Gruère

Etang de la Gruère → ⬜
1054 m
JU
La zone autour de l'étang est une tourbière formée il y a 12 000 ans. L'étang lui-même a été créé au XVIIᵉ siècle pour alimenter un moulin à céréales, d'où son nom rapellant les «gruaux» d'avoine.
Lac préféré d'Aude Lehmann

Eternit
Le groupe Eternit SA fabrique ou transforme des produits de Fibrociment. *(www.eternit.ch)*

→ *94 Nicolas Le Moigne*
→ *Fibrociment*

Event
Veranstaltung, besonderes Ereignis. Seit den 1990er-Jahren werden medienwirksame Ereignisse oder kulturelle Grossveranstaltungen, aber auch offizielle oder private Feiern mit geladenen Gästen als Events bezeichnet (Fest). Events erheben den Anspruch auf Einzigartigkeit; regelmässige Wiederholungen setzen Beibehalt, idealerweise Steigerung des Erlebniswertes voraus. Das Ziel, neuartige Inszenierungs- und Erlebnisformen zu bieten, unterscheidet Events von Festen mit zyklischer Wiederkehr. Häufig gehen Events mit kommerziellen Interessen einher. *(B)*
→ *122 Ivan Sterzinger*

Event-Design
→ *122 Ivan Sterzinger*
→ *Design*
→ *Event*

Exposition «Bourses fédérales de design»
Depuis 2002, l'Office fédéral de la culture organise chaque année une exposition en relation avec le Concours fédéral de design. Elle est présentée alternativement au «Museum für Gestaltung Zürich» ou au mudac (Musée de design et d'arts appliqués contemporains) à Lausanne. Il ne s'agit pas seulement d'y présenter et d'y documenter les travaux et les projets distingués par le concours, mais aussi de les placer dans un contexte plus large et dans la perspective de l'évolution du design contemporain. Ces expositions permettent de diffuser la création suisse dans le

domaine du design et d'en faire connaître les conceptrices et les concepteurs au public intéressé, en Suisse et à l'étranger. *(www.bak.admin.ch)*
→ *Concours fédéral de design*
→ *Museum Bellerive*

F

Fahrrad
Ein *Fahrrad*, kurz auch *Rad*, in der Schweiz *Velo* (v. frz. *vélocipède*, «Schnellfuss», lat. *velox*, schnell und *pes*, Fuss, veraltet und scherzhaft auch *Drahtesel*), ist ein zumeist zweirädriges, einspuriges Landfahrzeug, das mit Muskelkraft durch das Treten von Pedalen angetrieben wird. *(W)*
Lieblingsalltagsgerät von Tania Prill und Katja Naima Schalcher
→ *Paul de Vivie*
→ *Karl Drais*
→ *Radfahren*

Fanzine
A *fanzine* is a nonprofessional publication produced by fans of a particular cultural phenomenon (such as a literary or musical genre) for the pleasure of others who share their interest. The term was coined in an October 1940 science fiction fanzine by Russ Chauvenet and first popularized within science fiction fandom, from whom it was adopted by others.

Typically, publishers, editors and contributors to fanzines receive no financial compensation. Fanzines are traditionally circulated free of charge, or for a nominal cost to defray postage or production expenses. Copies are often offered in exchange for similar publications, or for contributions of art, articles, or letters of comment (LoCs), which are then published.

Some fanzines have evolved into professional publications (sometimes known as "prozines"), and many professional writers were first published in fanzines; some continue to contribute to them after establishing a professional reputation. The term fanzine is sometimes confused with "fan magazine", but the latter term most often refers to commercially-produced publications. *(W)*
→ *122 Ivan Sterzinger*

Farbfächer → ⬜
Farbpalette in Form eines Fächers.
Für Farben, die nicht mit CMYK-Farben gedruckt werden können oder nicht gedruckt werden sollen, gibt es noch ver-

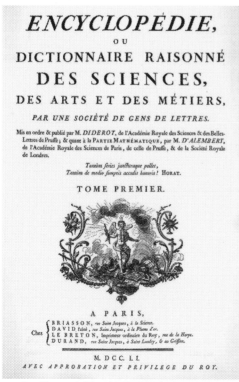

ENCYCLOPÉDIE,
OU
DICTIONNAIRE RAISONNÉ
DES SCIENCES,
DES ARTS ET DES MÉTIERS,
PAR UNE SOCIÉTÉ DE GENS DE LETTRES.

Mis en ordre & publié par M. *DIDEROT*, de l'Académie Royale des Sciences & des Belles-Lettres de Prusse; & quant à la PARTIE MATHÉMATIQUE, par M. *D'ALEMBERT*, de l'Académie Royale des Sciences de Paris, de celle de Prusse, & de la Société Royale de Londres.

Tantùm feries junctúraque pollet,
Tantùm de medio fumptis accedit honoris. HORAT.

TOME PREMIER.

A PARIS,
Chez { BRIASSON, rue Saint Jacques, à la Science.
DAVID l'aîné, rue Saint Jacques, à la Plume d'or.
LE BRETON, Imprimeur ordinaire du Roy, rue de la Harpe.
DURAND, rue Saint Jacques, à Saint Landry, & au Griffon.

M. DCC. LI.
AVEC APPROBATION ET PRIVILEGE DU ROY.

Première page de l'Encyclopédie de D'Alembert et Diderot

schiedene standardisierte Farbpaletten wie etwa HKS-Farbfächer oder Pantone (Volltonfarben). *(W)*

Bevorzugtes Arbeitsgerät von Tania Prill

Fare

Il fare insegna fare.

Proverbio preferito di Kiko Gianocca

Fashion

"Fashion is a form of ugliness so intolerable that we have to alter it every six months." *Oscar Wilde*
→ *Mannequin*

Faute

Qui ne sait davantage ne peut facilement commettre des vraies fautes.

Proverbe favori de Nicolas Eigenheer

Federal Department of Home Affairs

The *Federal Department of Home Affairs* (FDHA) (German: *Eidgenössisches Departement des Innern*; French: *Département fédéral de l'intérieur*; Italian: *Dipartimento federale dell'interno*) is a department of the federal administration of Switzerland and serves as the Swiss ministry of the interior. As of 2008, it is headed by Federal Councillor Pascal Couchepin. *(W)*
→ *www.edi.admin.ch*

Feltro

Nella leggenda l'invenzione del *feltro* viene attribuita a San Giacomo apostolo, fratello di San Giovanni evangelista.

Il santo, che era un pescatore, mal sopportava le conseguenze dei lunghi spostamenti, che allora venivano fatti a piedi, richiesti dall'opera di predicazione. Per proteggere le piante dei piedi provò a imbottire i sandali coi batuffoli di lana che le pecore, nel pascolare, lasciavano attaccati ai cespugli spinosi. Si accorse che lo strato di lana pressato dal suo peso e bagnato dal sudore si induriva e si trasformava in una falda compatta. Da qui l'invenzione del feltro.

Le prime corporazioni di cappellai lo consideravano il loro protettore; nell'iconografia San Giacomo è rappresentato come pellegrino che porta in testa un cappello a larghe tese, ovviamente di feltro, ornato con una conchiglia. *(W)*
→ *87 Kiko Gianocca*

Feuerqualle → ⬚

Pelagia noctiluca, Feuerqualle oder *Leuchtqualle* ist eine Qualle aus der Familie der Pelagiidae und gehört zu den wenigen europäischen Quallen, deren

Farbfächer

Nesselkapseln die menschliche Haut durchdringen können.

Die Nesselkapseln der Fangtentakel durchdringen die menschliche Haut. Durch das Nesselgift werden stechende Schmerzen ausgelöst (etwa doppelt so intensiv wie das Gift der Brennnessel) und es bilden sich Bläschen, die nach 2–4 Wochen abheilen. *(W)*

Unlieblingstier von Tania Prill

Feuerqualle

Fibrociment

Le *Fibrociment* est un matériau léger (densité 1,8 à 2), résistant aux intempéries, incombustible et mauvais conducteur de la chaleur (coefficient de conductibilité: 13,9). Sa fabrication a commencé, en France, vers 1901. En plaques planes, il est utlisé pour les cloisons, les revêtements de murs, les plafonds et les sous-toitures. En plaques ondulées et en ardoises, il constitue une couverture appréciée. En tuyaux, on l'emploie pour les canalisations. On en fait également du mobilier de jardin. *(GDEL)*
→ *94 Nicolas Le Moigne*
→ *Eternit*

Fiction

Une *fiction* est une histoire basée sur des faits imaginaires plutôt que sur des faits réels.

«Vouloir mettre la fiction à la place de la vérité» *(Newton)*.

Une œuvre de fiction peut être du domaine du cinéma, ou

de la littérature. Tous les faits ne sont pas nécessairement imaginaires; c'est le cas par exemple du roman historique, qui prend pour base des faits historiques avérés, mais qui profite des vacuités de l'Histoire pour y introduire des personnages, des événements, tirés de l'imagination de l'auteur (comme dans Les Pardaillan de Michel Zévaco).

Mais si les événements ou les personnages sont imaginaires, ils ne doivent pas pour autant être irréels: pour qu'une fiction fonctionne, il semble nécessaire que le récipiendaire de la fiction puisse adhérer à ce qui est décrit. Des événements absurdes, des personnages incohérents sont autant de choses qui coupent le lecteur ou le spectateur du récit.

La fiction doit donc créer une impression de réel: l'individu à qui la fiction s'adresse doit pouvoir croire, pendant un temps limité, que ces faits sont possibles.

Cette suspension de l'incrédulité est la plus évidente dans le cas de fictions dépourvues d'éléments fantastiques, comme le roman policier ou le roman historique. Les événements qui y sont relatés, malgré ou grâce à leur esthétisation, peuvent arriver à quelqu'un.

Dans le cadre de la science-fiction, ils doivent représenter un futur plus ou moins plausible. Les avancées technologiques de l'humanité ne sont pas nécessairement à la base de ce genre de travaux, mais en représentent souvent le cadre.

Le cas du fantastique est encore différent. H.P. Lovecraft ou Stephen King décrivent souvent des individus au quotidien banal dont la vie dérape plus ou moins soudainement, l'œuvre décrivant alors la manière avec laquelle ces personnages tentent de réagir (souvent assez mal) à ces situations auxquelles rien ne les a préparés. La suspension de l'incrédulité est plus forte ici que dans les romans plus classiques, ce qui explique probablement pourquoi cette littérature est souvent considé-

rée comme un genre mineur. Comme pour la série X-Files, ces récits reposent sur la question: «et si c'était vrai?» *(W)*
→ *110 Olivier Pasqual*

Fidalgo Yves *1976
→ *82*, → ⬚

Designer de produits
Vit et travaille à Lausanne
yves@fulguro.ch
www.fulguro.ch

Yves Fidalgo (Fulguro)

Etudes à l'Ecole cantonale d'art de Lausanne (ECAL), diplôme en tant que designer HES, design industriel, 2001
Stage chez «Atelier Oï», La Neuveville, 2000
Travaille aussi avec Cédric Decroux sous le label «Fulguro»
Prix: Lapin d'argent, Die Besten 06, Hochparterre und SFDRS, Zurich, 2006 (avec Jean-Gilles Décosterd); 1er Prix, Expo. 02, Les Banques Cantonales Suisses, Bienne, 2002 (avec «Waterproof»); 3ème Prix, Bosch Architektur Preis, Bosch, Zurich, 2002 (avec «JJZ Architekten»); 1er Prix, Concours Ebel, Ebel SA, La Chaux-de-Fonds, 2001
Expositions: «Dans ces eaux-là», Château d'Avignon, Saintes-Maries-de-la-Mer (F), 2007; «Jour de pluie», IDEE Shop, Design week, Tokyo (J), 2007; Salone Satellite, Milan (I), 2007; «Inout config.01», Musée de design et d'arts appliqués contemporains, Lausanne, 2006; «Waternetworks», The Cube, Manchester (GB), 2006; «Waternetworks», The Lighthouse, Glasgow (GB), 2006; Designer's Saturday, Langenthal, 2004; Galerie kreo, Paris (F), 2002 («Motion Notebook», film d'animation pour Ronan et Erwan Bouroullec); «Pavillon Territoire Imaginaire», Expo.02, Bienne, 2002; Toni Molkerei, Zurich, 2002
Publié dans «Le Temps», 27.4. 2007; «Etapes» n°135, 8/2006; «Frame Magazine» n°50, 6/2006; «Wallpaper» n°79, 6/2005; «NEO2» n°40, 2/2005

Fin

Même si la fin du monde était

pour demain, je planterais un arbre aujourd'hui.

Proverbe africain cité par Julie Usel

Fischer Mirjam → ⬚

A revair! Adieu! Au revoir! Addio!

Die Sektion Kunst und Design lässt ihre Kollegin nur sehr ungern weiterziehen …

Mirjam Fischer

Mirjam Fischer war zehn schöne Jahre verantwortlich für den Wettbewerb «Die schönsten Schweizer Bücher».

Grazia! Danke! Merci! Grazie!
→ *Patrizia Crivelli*
→ *Yvonne Fuhrer*
→ *Eduard Hartmann*
→ *Aurelia Müller*
→ *Barbara Vlachos*

Fixpencil 22 metal

Die Firma Caran d'Ache brachte 1930 unter dem Markennamen *Fixpencil* einen von dem Genfer Ingenieur Carl Schmid entworfenen mechanischen Stift auf den Markt. Der Fixpencil war der erste Druckbleistift mit einem Klemmmechanismus, der es erlaubte, Minen verschiedenen Durchmessers zu verwenden. *(W)*

Bevorzugtes Arbeitsgerät von Katja Naima Schalcher

Flaschenöffner

Ein *Flaschenöffner*, genauer *Kapselheber*, ist ein Werkzeug, das durch die Hebelwirkung die Kapsel von der Flasche hebelt. *(W)*

Lieblingsalltagsgerät von Lex Trüb

François

Prénom qui vient du latin *Francus* (*Franciscus* qui a donné également Francisque) qui signifie «homme libre». François est un prénom masculin porté par un homme qui se sentait appartenir à la terre ou au peuple des Francs, une tribu germanique. Ce prénom d'origine germanique signifie *frank*, homme libre ou *frankisk*, hache de guerre des Francs.

Troisième prénom de Nicolas Le Moigne

Fritsch Karl
*1963, Sonthofen (D)
Orafo tedesco
«Ich möchte einmal mit Gold
so umgehen wie mit Plastilin.»
Fritsch Karl
Modello di Kiko Gianocca
→ *Joaillerie*
→ *Oreficeria*

Fuhrer Yvonne
Administration
Dienst Design
Bundesamt für Kultur
Bern
→ *Patrizia Crivelli*
→ *Mirjam Fischer*
→ *Eduard Hartmann*
→ *Aurelia Müller*
→ *Barbara Vlachos*

Fulguro
«Vivos voco, mortuos plango,
fulgura frango.» *(J'appelle les
vivants, je pleure les morts, je bri-
se les éclairs). Friedrich Schiller,
au sujet de la cloche*
→ *82 Fulguro*
→ *Yves Fidalgo*
→ *Cédric Decroux*

Fünklein
Aus einem kleinen Fünklein
kann ein grosses Feuer werden.
*Lieblingssprichwort von
Lukas Zimmer*

Fussball
Schon im zweiten Jahrtausend
v. Chr. wurde in China ein fuss-
ballähnliches Spiel namens
Ts'uh-chüh («ts'uh», mit dem
Fuss stossen; «chüh», Ball)
ausgetragen. Der Ball war aus
Lederstücken zusammenge-
näht und mit Federn und Tier-
haaren ausgestopft.
*Lieblingssport von Lex
Trüb und Alberto Vieceli*

Fussballer
Traumberuf von Lex Trüb
→ *George Best*

G

Gestaltung
Gestaltung ist ein kreativer
Schaffensprozess, bei welchem
durch Eingriffe des Gestalten-
den in seine Umwelt eine Sache (ein materielles Objekt,
eine Struktur, ein Prozess, ein
Gedankengut etc.) verändert
wird, d. h. erstellt, modifiziert
oder entwickelt wird und dadurch eine bestimmte Form
oder ein bestimmtes Erscheinungsbild verliehen bekommt
oder annimmt. [...]
Gestaltung im engeren Sinne meint die bewusste, verän-
dernde Einflussnahme auf die
ästhetische Erscheinung von
Dingen oder Zusammenhän-
gen, also auf unmittelbar sinn-

lich wahrnehmbare Phänomene
(wie Räume, Objekte, Handlungen, Bewegung usw.). Bei-
spiele sind die Bereiche der
Kunst sowie die verschiedenen
Designbereiche als Gestaltung
von Produkten, Grafik, Mode,
Architektur usw. oder die indi-
viduelle Körpergestaltung oder
Umfeldgestaltung. *(W)*
→ *113 Prill & Vieceli*
→ *136 Lukas Zimmer*
→ *Design*

Giacometti Alberto
*1901, Borgonovo
†1966, Chur
Schweizer Künstler
Alberto Giacometti war ein
vielseitiger Künstler, der vor allem durch seine Plastiken welt-
berühmt wurde. Am ehesten
lassen diese sich wohl als «sur-
realistisch» bezeichnen. Sein
grösster Wunsch war es, Menschen so abzubilden, wie er sie
sah. Gleichzeitig betonte er
jedoch, wie aussichtslos und
unmöglich das sei. Trotzdem
steckte er viel Ehrgeiz in seine
Werke. Oft beschäftigte er sich
wochenlang mit den kleinsten
Details und verwarf dann letzt-
endlich alles, um wieder neu zu
beginnen. In diesem Prozess
sah er eine ständige Verbesse-
rung und Annäherung an seine
Vorstellungen. *(W)*
*Das Vorbild von Lukas
Zimmer ist die Konzen-
tration von Alberto Giacometti und Robert Lax*
→ *Robert Lax*

Kiko Gianocca

Gianocca Kiko **1974*
→ *87*, → □
Artista orafo
*Vive tra Lugano e Melbourne
(AUS)*
Lavora a Lugano
kikoggiano@yahoo.it
*Studi all'RMIT University Mel-
bourne (AUS); Escola Massa-
na Barcellona (E); Istituto
d'Arte CFP Firenze (I), diplo-
mi come Master in Fine Art,
Gold- and Silversmithing,
2002; orafo in genere, 1999*
*Premi: Emerging Artist Grant,
Australia Council for the Arts,
Canberra (AUS), 2006; Craft-
in-Site Grant, Craft Victoria,*

*Melbourne (AUS), 2005; En-
vironmental Commission,
City of Melbourne, Melbourne
(AUS), 2004*
*Esposizioni: «Schmuck 2008»,
Internationale Handwerks-
messe München, Monaco di
Baviera (D), 2008; «things for
better living», Craft Victoria,
Melbourne (AUS), 2007;
«things hold together», Gale-
ria al 65, Vilanova i la Geltrù
(E), 2007; «things hold together», Gallery Funaki, Melbourne (AUS), 2007; «Colin
and Cicely Rigg Design
Award», National Gallery of
Victoria, Melbourne (AUS),
2006; «Connect. Gallery Funaki International Jewellery
Award», Gallery Funaki, Melbourne (AUS), 2006; «white
lies», Gallery Funaki, Melbourne, Australia, 2005;
«Gioielli d'arte in Ticino»,
Museo Vela, Ligornetto, 2003;
«Fonction-Fiction», Musée
d'Art et d'Histoire, Neuchâtel,
2002; «International Graduate Exhibition», Galerie Mar-
zee, Nijmegen (NL), 2002*

Gormley Antony
*1950, Hampstead (GB)
Sculpteur anglais
*Idéal de Raphaël
Von Allmen*

Grafiker
Ein *Grafiker* arbeitet gestaltend
mit Schrift- und/oder Bildma-
terial. Damit gehören die Grafiker zu den Designern.
Die Ursprünge des Grafi-
kerberufes sind Ende der Re-
naissance. Mit der Entwicklung
des Buchdrucks gerieten hand-
werklich intensive Tätigkeiten
wie Buchmalerei und Kalligra-
fie in den Hintergrund. So wurde sehr schnell die Notwendig-
keit der Gestaltung des Schrift-
bilds und der Zusammenstellung zwischen Schrift und Bild
erkannt. Die direkten Vorläufer der Grafiker waren deshalb
auch die Schriftsetzer. Diese
entwarfen häufig das Layout
und gaben Vorgaben zu Satz-
spiegel, Typografie und Bild-
material.
Der *Grafikdesigner* arbeitet
heute fast vollständig an Computer basierender Gestaltung.
Zu der täglichen Arbeit des
Grafikdesigners (heute: *Kom-
munikationsdesigners*) zählen
unter anderem: Erstellung von
Printprodukten, Layout, Druck-
satz, Corporate Designs, Sig-
naletik, Illustration, Konzepti-
on und Entwurf, Typografie,
Fotografie, Zeichnen, Desk-
top-Publishing, gestalterische
Grundkonzeption, Animation,
Druckvorstufe, Webdesign,
Modellbau, Verpackung, Ras-
tersysteme.

Der Grafikdesigner steht im
engen Kontakt mit seinen Kun-
den und der Realisationsstufe,
um Wünsche und Ideen mit
der grösstmöglichen Qualität
umzusetzen. *(W)*
→ *90 Aude Lehmann*
→ *113 Prill & Vieceli*
→ *119 Katja Naima Schalcher*
→ *122 Ivan Sterzinger*
→ *125 Lex Trüb*
→ *Gestaltung*
→ *Typografie*
→ *Visuelle Kommunikation*

Graphic Designer
→ *78 Nicolas Eigenheer*
→ *Designer*
→ *Graphisme*
→ *Typographie*

Graphisme
Le *graphisme* est une discipline
qui consiste à créer, choisir et
utiliser des éléments graphiques (dessins, caractères typographiques, photos, couleurs,
etc.) pour élaborer un objet de
communication et/ou de culture. Chacun des éléments est
symbolique et signifiant dans la
conception du projet, selon les
axes définis éventuellement
avec d'autres intervenants du
domaine de la communication,
dans le but de promouvoir, informer ou instruire.

Greina

«Le design graphique peut
être défini comme le traitement
formel des informations et des
savoirs. Le designer graphique
est alors un médiateur qui agit
sur les conditions de réception
et d'appropriation des informations et des savoirs qu'il met
en forme.» *(Annick Lantenois)*
Selon ses domaines d'inter-
vention (illustration, affiche,
communication d'entreprise,
presse, édition, packaging, pu-

blicité, design web, signalé-
tique, identité visuelle, etc.), il
fait partie de la chaîne graphique liée à l'imprimerie ou à
d'autres médias. *(W)*
→ *78 Nicolas Eigenheer*
→ *Typographie*

Graziano
Riprende il secondo o terzo
nome latino *Gratianus*, deriva-
to dal nome *Gratius*, basato sul
latino *gratus*, grato o gradito. Si
è affermato nei primi ambienti
latini in riferimento alla grazia
divina. *(W)*
*Vero nome di Kiko
Gianocca*

Grcic Konstantin
*1965, Munich (D)
Designer allemand
Influencé par Jasper Morrison
dont il a été l'élève et pour qui
il a travaillé, Grcic privilégie une
approche fonctionnaliste du design: il qualifie son style de «actuel, faisable et concret». *(W)*
Idéal de Nicolas Le Moigne

Greenspan Jacqueline
*Medien- und Öffentlichkeits-
arbeit/Administration
Museum Bellerive
Kunstgewerbesammlung des
Museum für Gestaltung Zürich*
→ *Museum Bellerive*

Greina → □
*2357 m.l.m
TI/GR*
Il *Passo della Greina*, in sursilva-
no Pass Crap, collega la Valle di
Campo nel Canton Ticino con la
Val Lumnezia nei Grigioni.
*Montagna preferita di
Kiko Gianocca*

Guêpe → □
On comptabilise une quinzaine
de morts par piqûres d'hymé-

noptères (abeilles, guêpes et frelons) par an en France, principalement chez les personnes allergiques. Seule la femelle est pourvue d'un aiguillon venimeux. *(W)*
> *La guêpe, le frelon, la talène, le moustique, l'abeille, le taon sont tous détestés par Yves Fidalgo*

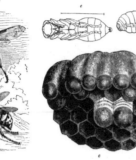
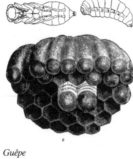

Guêpe

Guhl Willy
*1915, Stein am Rhein
†2004, Hemishofen
Pionnier du design industriel suisse
Dans les années 1950, un nombre croissant de designers industriels commencent à s'intéresser aux produits Eternit et créent des programmes d'habitations complets. Willy Guhl, le premier designer industriel de Suisse, crée des bacs à fleurs, l'oreille d'éléphant, la caisse à sable, mais surtout sa boucle géniale, la chaise de plage, devient un classique du mobilier. *(www.eternit.ch)*
> → *94 Nicolas Le Moigne*

Gut
«Es gibt nichts Gutes ausser: man tut es.» *Erich Kästner*
> *Lieblingszitat von Tania Prill*

Gutknecht Sonja
Ausstellungskoordination Museum Bellerive
Kunstgewerbesammlung des Museum für Gestaltung Zürich
> → *Museum Bellerive*

H

Hand
Die *Hand* (med./lat. *manus*) ist das Greifwerkzeug der oberen Extremitäten (Arme) des Menschen. Gemeinsam mit der Hand der meisten Primaten ist sie durch den opponierbaren Daumen ausgezeichnet.
> *Lieblingsalltagsgerät von Dimitri de Perrot*

Handtasche
«Die Handetasche (sic!) muss leben!» *Bruce Darnell von Ger-*

many's next Topmodel 2007
> *Lieblingszitat von Alberto Vieceli*

Haptic
Haptic, from the Greek *haphe*, means pertaining to the sense of touch (or possibly from the Greek word haptesthai meaning *contact* or *touch*).

Haptic technology refers to technology which interfaces the user via the sense of touch by applying forces, vibrations and/or motions to the user. This mechanical stimulation may be used to assist in the creation of virtual objects (objects existing only in a computer simulation), for control of such virtual objects, and to enhance the remote control of machines and devices (teleoperators). This emerging technology promises to have wide reaching applications. In some fields, it already has. For example, haptic technology has made it possible to investigate in detail how the human sense of touch works, by allowing the creation of carefully-controlled haptic virtual objects. These objects are used to systematically probe human haptic capabilities. This is very difficult to achieve otherwise. These new research tools contribute to our understanding of how touch and its underlying brain functions work (See References below).

Although haptic devices are capable of measuring bulk or reactive forces that are applied by the user, they should not be confused with touch or tactile sensors that measure the pressure or force exerted by the user to the interface. *(W)*
> → *87 Kiko Gianocca*
> → *129 Julie Usel*

Hartmann Eduard → □
Kunsthistoriker
Dienst Design
Bundesamt für Kultur
Bern
> → *Patrizia Crivelli*
> → *Mirjam Fischer*
> → *Yvonne Fuhrer*
> → *Aurelia Müller*
> → *Barbara Vlachos*

Hat-trick
It comes from the English game of cricket and refers to a bowler who takes three wickets with three successive balls. For those more familiar with baseball, this is an impressive achievement, similar to a baseball pitcher striking out three batters in a row, but much less common. It seems to have been the custom in the nineteenth century for such a paragon of the art to be awarded a new hat by his club as a mark of his success. However, it is sometimes also said that the phrase alludes to a distinctly more plebeian reward in which the bowler was permitted to take his hat around the crowd for a collection (although it should be noted that this has no connection with the naming of the *bowler hat*, which derives its name from Messrs Thomas and William Bowler, hatmakers). Hat trick was first recorded in print in the 1870s, but has since been widened to apply to any sport in which the person competing carries off some feat three times in quick succession, such as scoring three goals in one game of soccer. *(W)*
> → *90 Aude Lehmann*
> → *107 Anita Moser*

Hedonismus
(griech. *hēdone,* Freude, Vergnügen, Lust)
Ethische Grundposition, welche einen grösstmöglichen Gewinn an Lust für erstrangig erstrebenswert hält; zu vermeiden sind dagegen Unlust und Schmerz. Da der Hedonismus die Lust als eine Ausprägung der Glückseligkeit versteht, ist er dem Eudämonismus zuzurechnen. Genauer wird zwischen dem *psychologischen Hedonismus,* der das Streben nach Lust als anthropologische Konstante auffasst, und dem *ethischen Hedonismus,* der das Streben nach Lust zur Norm erhebt, unterschieden. In der Antike vertraten die Kyrenaiker (v. a. Aristippos), für die Lust das höchste Gut war, den Hedonismus. Epikur vertrat den

Eduard Hartmann

Hedonismus, der *hēdone* zum einen als Wiederherstellung eines Gleichgewichtszustandes (kinetische Lust) und zum anderen als einen Zustand der Abwesenheit von Schmerzen (katastematische Lust) bestimmt. In der Neuzeit vertraten v. a. die französischen Materialisten und die Utilitaristen hedonistisches Gedankengut. *(B)*
> → *71 Joy Ahoulou*

Annemarie Hürlimann

Hermann
Althochdt. *heri,* Heer und *man,* Mann. Der Name bedeutet so viel wie «Krieger» oder «Kämpfer». *(W)*
> *Zweitname von Ivan Sterzinger*

Hans-Ulrich Herrmann

Herrmann Hans-Ulrich → □
Mitglied der Eidgenössischen Designkommission
Jurist und Notar
Firma «Bildung Kultur Recht»
Bern

Hornuss → □
Le jeu consiste à placer un palet, le *hornuss* (frelon), hors de portée de l'équipe adverse. Le hornuss est mis en mouvement à l'aide d'une tige flexible, appelée *fouet,* et est envoyé à plus de 150 km/h en direction des joueurs de l'équipe adverse. Ceux-ci doivent intercepter le *hornuss* avec leur palette, qu'ils peuvent lancer. La première mention du hornuss remonte à 1575. *(W)*
> *Sport préféré de Jean-Philippe Bonzon et Nicolas Eigenheer*

Hund
Die Entwicklung jedes Hundes wird überwiegend von seiner Sozialisation und Erziehung bestimmt. Unzureichend sozialisierte Hunde haben Schwierigkeiten, sich in ihrer Umwelt zurechtzufinden. Sie neigen zu ängstlichem oder aggressivem Verhalten und anderen Verhaltensstörungen. *(W)*
> *Unlieblingstier von Aude Lehmann*
> → *Pudel*

Hürlimann Annemarie → □
Mitglied der Eidgenössischen Designkommission
Ausstellungskuratorin und Kunsthistorikerin
Praxis für Ausstellungen und Theorie
Berlin (D)/Zürich

Hyperlink
Als *Hyperlink,* auch kurz *Link* (engl. Verknüpfung, Verbindung, Verweis), bezeichnet man einen Verweis auf ein anderes Dokument innerhalb eines Hypertextes, der automatisch durch das «Hypertextsystem» verfolgt werden kann.
Der Begriff wird meist auf das *World Wide Web* bezogen.
Das Konzept von Hyperlinks entspricht funktional dem Querverweis oder der Fussnote aus der konventionellen Literatur, bei der das Ziel des Verweises allerdings in der Regel manuell aufgesucht werden muss.
Man spricht von einem *verlinkten Dokument,* wenn es mindestens einen Hyperlink enthält, der auf ein zweites Dokument gerichtet ist. *(W)*
> → *136 Lukas Zimmer*

I

Ideologie
«Ideologie ist Ordnung auf Kosten des Weiterdenkens.» *Friedrich Dürrenmatt*
> *Lieblingszitat von Lukas Zimmer*

Internships *(d.)*
Für den Zeitraum 2008/2009 konnte das BAK folgende Firmen als namhafte Partner gewinnen: Matthew Hilton London (Möbel- und Produktdesign), Fredrikson Stallard, London (Produktdesign), Value and Service, London (Grafikdesign), BC, MH, London (Grafikdesign).
Das BAK bezahlt den Gewinnerinnen und Gewinnern für die gesamte Dauer des Aufenthalts einen Beitrag von CHF 12000 an die Lebenskosten. *(www.bak.admin.ch)*
> → *Eidgenössischer Wett-*

bewerb für Design
→ *www.bcmh.co.uk*
→ *www.fredriksonstallard.com*
→ *www.matthewhilton.co.uk*
→ *www.valueandservice.co.uk*

Internships *(e.)*
The SFOC has been able to secure the following firms as partners for the period 2008/2009: Matthew Hilton (furniture and product design), London, Fredrikson Stallard (product design), London, Value and Service (graphic design), London and BC,MH (graphic design). The SFOC will provide award winners with a maintenance grant of CHF 12 000 for the duration of the residency.
(www.bak.admin.ch)
→ *Swiss Federal Design Competition*
→ *www.bcmh.co.uk*
→ *www.fredriksonstallard.com*
→ *www.matthewhilton.co.uk*
→ *www.valueandservice.co.uk*

Internships *(f.)*
Pour la période 2008/2009, l'OFC a pu s'assurer la participation des agences de renommée suivantes: Matthew Hilton (design de meubles et de produits), Londres, Fredrikson Stallard (design de produits), Londres, Value and Service (design graphique), Londres, BC,MH (design graphique), Londres.
Pour la durée du séjour, l'OFC verse aux lauréates et aux lauréats une somme de 12 000 francs à titre de contribution aux frais de logement et de nourriture. *(www.bak.admin.ch)*
→ *Concours fédéral de design*
→ *www.bcmh.co.uk*
→ *www.fredriksonstallard.com*
→ *www.matthewhilton.co.uk*
→ *www.valueandservice.co.uk*

Hornuss

Internships *(i.)*
Per il 2008/2009, l'UFC ha potuto assicurarsi la collaborazione con le seguenti aziende internazionali di punta: Matthew Hilton (design di mobili e industriale), Londra, Fredrikson Stallard (design industriale),

Londra, Value and Service (design grafico), Londra, BC,MH (design grafico), Londra.
Per l'intera durata del soggiorno l'UFC versa alle vincitrici e ai vincitori un contributo di CHF 12 000 alle spese di vitto e alloggio. *(www.bak.admin.ch)*
→ *Concorso federale di design*
→ *www.bcmh.co.uk*
→ *www.fredriksonstallard.com*
→ *www.matthewhilton.co.uk*
→ *www.valueandservice.co.uk*

Ironie
L'*ironie* est une forme d'expression qui consiste à dire l'inverse de ce que l'on pense, tout en s'efforçant de laisser entendre la distance qui existe entre ce que l'on dit et ce que l'on pense réellement. L'étymologie du mot *iron* provient du grec *eironeia*, qui signifie ignorance feinte (une technique souvent employée par le philosophe Grec Socrate), *de eiron*, celui qui pose une question en se prétendant crédule (une question rhétorique), et du verbe signifiant «parler». *(W)*
→ *103 Emilie Meldem*
→ *129 Julie Usel*
→ *Ironie socratique*

Ironie socratique
L'*ironie socratique* consiste, pour le philosophe, à feindre l'ignorance afin d'exposer la faiblesse de la position d'une autre personne et de lui en faire prendre conscience.
Le mot grec *eironeia* s'appliquait en particulier à la litote comme forme de dissimulation. Une telle ironie survenait particulièrement dans l'ignorance assumée adoptée par Socrate, comme méthode de dialectique: «l'ironie socratique».
Cette ironie particulière implique un aveu de l'ignorance, qui travestit une attitude sceptique et désengagée, vis-à-vis de certains dogmes ou opinions communes qui manquent d'un fondement dans la raison ou dans la logique. La suite de

questions «innocentes» de Socrate révèle la vanité ou l'illogisme de la proposition, en ébranlant les postulats de son interlocuteur, et en remettant en cause ses hypothèses initiales.
Mais l'ironie amuse également les spectateurs de la discussion, qui savent que Socrate est plus sage qu'il ne se permet d'apparaître, et qui peuvent prévoir, légèrement en avance, la direction que les «naïves» questions vont prendre.
Au XIXᵉ siècle, le philosophe danois Søren Kierkegaard admirait l'ironie socratique et en employa une variation dans plusieurs de ses travaux. Il rédigea notamment sa thèse maîtresse, intitulée «Du concept d'ironie constamment rapporté à Socrate». Dans cette thèse, Kierkegaard fait l'éloge d'un usage de l'ironie socratique par Aristophane et Platon. Il soutient également que le portrait de Socrate dans les nuages dans l'une des pièces d'Aristophane a capté avec le plus d'exactitude l'esprit de l'ironie socratique. *(W)*

J

Jagger Mick
*1943, Dartford (GB)
Britischer Musiker, Sänger, Komponist und Schauspieler
Sir Michael Phillip Jagger wurde berühmt als Frontmann der britischen Rockgruppe *The Rolling Stones*; er spielt Mundharmonika, Gitarre und Klavier. Als Künstler verwendet er den Namen *Mick Jagger* und tut dies auch nach seiner Erhebung in den Ritterstand.
Lieblingsfigur von Martin Zimmermann

Jan-Tschichold-Preis
Im Rahmen des Wettbewerbs «Die schönsten Schweizer Bücher» verleiht das Eidgenössische Departement des Innern seit 1997 den *Jan-Tschichold-Preis* und zeichnet damit eine ausserordentliche Leistung im Bereich der Buchgestaltung aus. Der Preis wird unabhängig von den eingereichten Publikationen vergeben und beträgt minimal 10 000 und maximal 15 000 Franken. *(www.bak.admin.ch)*
→ *90 Aude Lehmann*
→ *113 Prill & Vieceli*
→ *Jan Tschichold*
→ *Wettbewerb «Die schönsten Schweizer Bücher»*

Jan Tschichold Prize
As part of "The Most Beautiful Swiss Books" Competition, the Federal Department of Home Affairs has awarded the *Jan Tschichold Prize* since 1997 to

acknowledge an extraordinary example from the field of book design. The prize is awarded independently of the submitted publications and ranges from a minimum of CHF 10 000 to a maximum of CHF 15 000.
(www.bak.admin.ch)
→ *90 Aude Lehmann*
→ *113 Prill & Vieceli*
→ *"The Most Beautiful Swiss Books" Competition*
→ *Jan Tschichold*

Jewellery
Jewellery is a personal ornament, such as a necklace, ring, or bracelet, made from gemstones, precious metals or other materials. The word *jewellery* is derived from the word *jewel*, which was anglicised from the Old French *"jouel"* around the 13th century. It has also been suggested that the word is derived from *"Jew"*, as the Jews were important jewelry artisans of that time. Further tracing leads back to the Latin word *"jocale"*, meaning plaything. Jewellery is one of the oldest forms of body adornment; recently found 100 000 year-old beads made from *Nassarius* shells are thought to be the oldest known jewellery. (W)
→ *87 Kiko Gianocca*
→ *129 Julie Usel*

Jimmy Corrigan

Jimmy Corrigan → ▯
The Smartest Kid on Earth
Roman graphique américain de Chris Ware. L'auteur illustre l'étude psychologique de ce personnage oscillant entre la dépression et le fantasme. Rien n'est compréhensible au premier regard: pour le lecteur comme pour les protagonistes, l'histoire est faite de vides qui se comblent peu à peu, de liens qui s'expliquent ou se tissent à retardement, et pas toujours de façon satisfaisante. *(W)*
Personnage de fiction préféré d'Yves Fidalgo

Joaillerie
La *joaillerie* est étymologiquement l'art de fabriquer des joyaux, et plus largement des objets de parure mettant en valeur principalement les pierres précieuses, les pierres fines, les pierres ornementales et les perles, en utilisant pour les montures les métaux précieux suivants: l'argent, l'or, le platine et parfois le palladium. [...]
Les bijoux classiques en joaillerie: les solitaires, les alliances symbole d'éternité, les bagues entourages constituées d'une pierre de centre entourée de diamants, les rivières de diamants, serties griffes ou serties grains, les pendentifs tout de pierres sertis, les diadèmes et couronnes, les boucles d'oreilles assorties pour ainsi faire des parures complètes, et tout autre objet mettant en scène d'importante quantité de pierres (trônes, statues, automates, œufs de Fabergé, etc.).
La joaillerie est donc essentiellement, la mise en scène des pierres avec un support en métal précieux.
Le principe même de la joaillerie consiste en la mise en valeur d'une pierre ou d'un ensemble de pierres sur une monture en métal, à l'inverse de la bijouterie, essentiellement axé sur des pièces en métal, parfois agrémentées de pierres.
La bijouterie traditionnelle consiste à fabriquer des objets de parure mettant en valeur principalement l'argent, l'or et le platine (ex: joncs, chaînes, médailles, chevalières, bracelets, etc.). *(W)*
→ *129 Julie Usel*

Jour et nuit
A cause de la lune et de la dissipation d'énergie que constituent les marées, la vitesse de rotation de la Terre sur elle-même diminue. La durée du jour augmente donc, au rythme d'environ 2 millisecondes par siècle. De ce fait, il y a 100 millions d'années, l'année durait 380 jours. *(W)*
Phénomènes naturel préféré d'Yves Fidalgo

Joyce
I had no Joyce.
Lieblingszitat von Ivan Sterzinger

Jura → ▯
max. 1720m
BL/SO/JU/BE/NE/VD
Le *Jura* a donné son nom à une période célèbre de notre planète, le Jurassique, durant l'ère secondaire. C'est à cette époque que les sédiments allant former la chaîne du Jura se sont déposés. Pendant le Juras-

sique, la région était en effet une mer chaude peu profonde (la Mer Jurassique), avec une profusion biologique et coralienne comparable à l'actuelle Mer Rouge. C'est la poussée du massif alpin qui, plus tard, fait remonter les fonds sédimentaires de cette mer et plisse le Jura dans sa forme actuelle de «croissant», lequel contourne le Nord-Ouest du massif alpin. *(W)*
Massif montagneux préféré d'Emilie Meldem
→ *Chasseral*

Le Brassus, Jura Vaudois

Jury 2008
→ *Coen Lorette, présidente*
→ *Cattaneo Claudia, Mitglied*
→ *Herrmann Hans-Ulrich, Mitglied*
→ *Hürlimann Annemarie, Mitglied*
→ *Reymond Patrick, membre*
→ *Windlin Cornel, Mitglied*
→ *Zelic Erika, Mitglied*
→ *Den Besten Lisbeth, expert*
→ *Muhr Christian, Experte*
→ *Sellers Libby, expert*

K

Kaffeeglas
Lieblingsalltagsgerät von Lukas Zimmer
→ *Moka Express*

Kahlo Frida →
*1907, †1954, Mexiko
Mexikanische Malerin
In den 1930er-Jahren unterstützte sie zusammen mit Diego Rivera den russischen Revolutionär und einstmals wichtigsten Mann neben Lenin, Leo Trotzki, dem sie 1937 ein Haus in Coyoacán schenkte. Sie hatte in der Folgezeit noch verschiedene andere Liebesaffären, nicht nur mit Trotzki, sondern auch mit dem Fotografen Nickolas Muray, der costa-ricanischen Sängerin Chavela Vargas und dem Deutschen Heinz

Berggruen, der später ein bedeutender Kunstsammler wurde. Dieses hielt sie jedoch nicht davon ab, gegen Ende ihres Lebens Trotzkis Gegenspieler Josef Stalin zu verehren. *(W)*
Vorbild von Katja Naima Schalcher

Karin
Form von *Katharina*. Der Name Katharina kommt ursprünglich von dem griechischen weiblichen Vornamen *aikaterine*. Die Herkunft dieses Namens ist jedoch umstritten: Er könnte vom griechischen Wort *hekateros* stammen (deutsch: «jede von beiden») oder Bezug nehmen auf die griechische Göttin *Hekate*. *(W)*
Zweitname von Anita Moser

Karla K
aka Rockmaster K
aka Alain Kupper
*1962, Basel
Musiker, Grafiker, Künstler
Lebt und arbeitet in Zürich
Seit Anfang der 1980er-Jahre tritt Rockmaster K im Zürcher Underground als Musiker, DJ, Gestalter und Künstler auf und wurde so zur Kultfigur in der urbanen Szene.
Vorbild von Ivan Sterzinger

Frida Kahlo

Käse
In der allergrössten Not schmeckt der Käs' auch ohne Brot.
Lieblingssprichwort von Ivan Sterzinger

Katze
Der Katze gehört das Haus, aber ich zahle die Miete.
Lieblingssprichwort von Alberto Vieceli
Unlieblingstier von Martin Zimmermann

Kleidermode
Im Gegensatz zum traditionellen Begriff «Tracht» meint der Begriff *Kleidermode* eine nur kurzfristig übliche oder angemessene Art (oder Arten), sich zu kleiden, die in regelmässigen Abständen aufgrund gesellschaftlicher Veränderung von neuen Moden abgelöst wird.
Damit impliziert der Begriff Kleidermode auch eine ästhetische Bedeutung von Kleidung und geht über das Verständnis von Kleidung als purem Gebrauchsgegenstand hinaus. Der Begriff trägt also dem Tatbestand Rechnung, dass Kleidung nicht nur dazu dient, den menschlichen Körper vor Wärme oder Kälte oder anderweitiger Beeinträchtigung durch die Aussenwelt zu schützen, sondern auch dazu, ihn ästhetisch zu gestalten. Dies umfasst, ihn (nach unterschiedlichen Vorgaben) zu dekorieren, ihn zu formen, seine Vorzüge hervorzuheben bzw. als Mangel empfundene Komponenten des Aussehens zu kaschieren, sowie eine ästhetische Stimmung zu vermitteln, ein Lebensgefühl auszudrücken oder eine ästhetische Aussage zu treffen. Der Geschmack bzgl. vieler dieser ästhetischen Gestaltungsmotiven ist gesellschaftlichen Moden unterworfen. Kleidermode ist der Sammelbegriff für alle Kleidung, die aufgrund dessen entsteht. *(W)*
→ *71 Joy Ahoulou*
→ *103 Emilie Meldem*
→ *107 Anita Moser*

→ *Collection*
→ *Fashion*
→ *Kollektion*
→ *Mannequin*
→ *Schuhmodell*

Klöntalersee
848 m ü. M., 3.29 km²
GL
Der *Klöntalersee* ist bekannt für seine oft spiegelglatte Wasseroberfläche, in der sich die umliegenden Berge spiegeln.
Lieblingssee von Lukas Zimmer

Knoff-Hoff-Show
Die *Knoff-Hoff-Show* war eine zwischen 1986 und 1999 ausgestrahlte Wissenschaftssendung im ZDF. Der Name beruht auf einer Verballhornung des Begriffes Know-how.
Das Konzept der Sendung wurde Mitte der 1980er-Jahre von Joachim Bublath entworfen, der auch in allen Folgen als Moderator fungierte. Ihm standen dabei nacheinander Ramona Leiss, Babette Einstmann, Monica Lierhaus und Kim Fisher als Co-Moderatorinnen zur Seite.
Wissenschaftliche Zusammenhänge wurden an einfachen, für jedermann nachvollziehbaren Experimenten erklärt. Hobbyerfinder bekamen ausserdem die Möglichkeit, ihre eigenen Erfindungen dem Publikum vorzuführen, wie zum Beispiel die Brezelschneide- oder auch die Mohrenkopfwurfmaschine.
Markant war auch die Veterinary Street Jazz Band, die die Titel- und Abspannmelodie (eine Interpretation auf «Ain't she sweet», Original von Lou Gold & His Melody Men, 1927) und kurze musikalische Intermezzi zwischen den Beiträgen einspielte.
In kurzer Zeit avancierte die Sendung zu einer der erfolgreichsten Wissenschaftssendungen im Deutschen Fernsehen. Sie wurde in neun Sprachen synchronisiert und war fast überall auf der Welt zu sehen.
Die Knoff-Hoff-Show ging am 16. Februar 1986 zum ersten mal auf Sendung. Am 21. März 1999 lief die 79. und letzte Sendung der Knoff-Hoff-Show. Im Jahr 2002 griff das ZDF das Konzept wieder auf. Unter der Bezeichnung Die grosse Knoff-Hoff-Show lief die Sendung bis zum Dezember 2004, bevor sie endgültig eingestellt wurde.
Im Sommer 2005 gab es nochmals zwei Spezialsendungen mit dem Namen «Der Sommer mit Knoff-Hoff», die mit ihren Experimenten an die Knoff-Hoff-Show erinnerten. *(W)*
→ *Cortis & Sonderegger*

Kodak
The letter *K* had been a favorite of Eastman's, he is quoted as saying, "it seems a strong, incisive sort of letter". He and his mother devised the name *Kodak* with an anagram set. He said that there were three principal concepts he used in creating the name: it should be short, one cannot mispronounce it, and it could not resemble anything or be associated with anything but Kodak. It has also been suggested that Kodak originated from the suggestion of David Houston, a fellow photographic inventor who held the patents to several roll film camera concepts that he later sold to Eastman. Houston, who started receiving patents in 1881, was said to have chosen *Nodak* as a nickname of his home state, North Dakota (NoDak). This is contested by other historians, however, who cite that Kodak was trademarked prior to Eastman buying Houston's patents. *(W)*
→ *97 Catherine Leutenegger*
→ *George Eastman*
→ *Rochester*

Kollektion
Eine *Kollektion* (auch *Kollektionage*) ist eine Auswahl oder Zusammenstellung von Waren oder Musterstücken. Der Begriff wird überwiegend in der Modebranche verwendet.
Bekleidungshersteller und Händler unterscheiden zwischen Sommer- und Winterkollektion, oft auch als Frühlings-/Sommerkollektion und Herbst-/Winterkollektion bezeichnet. Die Kleidung wird zielgerecht zur Jahreszeit produziert und zum Verkauf angeboten. Die Modedesigner präsentieren auf dem Laufsteg der Modeschauen jeweils eine Kollektion. Diese trägt in der Regel einen Namen, der die Thematik oder Stimmung der Mode transportieren soll. *(W)*
→ *71 Joy Ahoulou*
→ *107 Anita Moser*
→ *Kleidermode*

Komponist
Ein *Komponist* (lat. *componere*, zusammensetzen; veraltet auch *Compositeur* oder *Kompositeur*) ist ein Künstler, der musikalische Werke (Kompositionen) schafft.
Das Ergebnis des Kompositionsvorganges liegt abschliessend in notierter Form (per Hand oder direkt als Notensatz im Computer) vor; andere Fixierungen (Demotape, Tonaufnahme etc.) sind dabei durchaus möglich. Die Musik eines Komponisten wird durch Interpreten (Musiker, Sänger) zum Erklingen gebracht.

Die Bezeichnung Komponist wird auch unabhängig vom Genre der Musik gebraucht und meint dann eine Person, die etwas künstlerisch gestaltet (zum Beispiel in der Schachkomposition). *(W)*
→ *139 Dimitri de Perrot*
→ *Musiker*

Kopf

Der *Kopf* (lat. *caput*) als anatomischer Begriff ist der vorderste Körperabschnitt eines Tieres bzw. des Menschen, an dem sich der Mund, die Nase und zentrale Sinnesorgane (Augen, Ohren, Geruchs- und Geschmackssinnesorgane in Mund und Nase) befinden. Darüber hinaus enthält er das Gehirn. *(W)*
Bevorzugtes Arbeitsgerät von Ivan Sterzinger

Körper

Der *Körper* (lat. *corpus*) ist im biologischen Sinne der Leib, das optisch in Erscheinung tretende Material (menschlicher Körper, Tierkörper, Pflanzenkörper, Pilzkörper) oder dessen Teile (Blütenkörper), unabhängig davon, ob es lebt oder nicht. Bei einem belebten Körper kann dieser zu nicht materiellen Teilen eines Individuums wie Bewusstsein und Verhalten in Gegensatz gesetzt werden. *(W)*
Lieblingsalltagsgerät von Martin Zimmermann

Kuchen

«Lieber Gott lass mich schlafen wie'n Stein und morgen frisch wie'n Kuchen sein.» *Leo Tolstoi*
Lieblingszitat von Anita Moser

L

Label (Marke)

Als *Marke* oder *Markenartikel* werden Sach- oder Dienstleistungen mit besonderen, markentypischen Eigenschaften bezeichnet. Der Erfolg einer Marke beruht auf deren einzigartiger Identität. Der Begriff Marke kann – in Anlehnung an Kevin Lane Keller – folgendermassen definiert werden: Eine Marke ist «ein Nutzenbündel mit spezifischen Merkmalen, die dafür sorgen, dass sich dieses Nutzenbündel gegenüber anderen Nutzenbündeln, welche dieselben Basisbedürfnisse erfüllen, aus Sicht relevanter Zielgruppen nachhaltig differenziert». *(W)*
→ *71 Joy Ahoulou*
→ *107 Anita Moser*

Label (record)

In the music industry, a *record label* can be a brand and a trademark associated with the marketing of music recordings and music videos. It is more commonly the company that manages such brands and trademarks; coordinates the production, manufacture, distribution, promotion, and enforcement of copyright protection of sound recordings and music videos; conducts A&R; and maintains contracts with recording artists and their managers. *(W)*
→ *122 Ivan Sterzinger*

Lac de Neuchâtel → ☐
429m, 217,9km²
NE/VD/BE/FR
Le *Lac de Neuchâtel* est le plus grand lac entièrement suisse.
Lac préféré de Nicolas Eigenheer et Raphaël Von Allmen

Lac Léman → ☐
372m, 582,4km²
GE/VD/VS/F
Son nom, probablement d'origine celtique, nous est parvenu via le latin. Il a souvent varié au fil du temps: *Lacus Lemanus*, ou encore *Lac de Genève*, puis enfin *Léman*.
Lac préféré de Catherine Leutenegger

Lac Noir (Schwarzsee) → ☐
1046m, 0,47km²
FR
Prairies et arbres bordent ses rives principalement planes, à l'exception d'une petite portion de berge escarpée au sud.
Lac préféré de Cédric Decroux

Lax Robert
* 1915, † 2000 Oleon (USA)
US-amerikanischer Schriftsteller und Publizist österreichischer Herkunft
Lax wurde 1915 als Sohn jüdischer Einwanderer aus Österreich in New York geboren. Bereits während seines Studiums an der Columbia University in New York befreundete er sich mit dem späteren Maler Ad Reinhardt, dem späteren Trappistenmönch und Religionsphilosophen Thomas Merton und dem späteren Schriftsteller Edward Rice. Dieser Künstlerkreis wurde in seiner antibürgerlichen Haltung beinahe zu einem Vorläufer der Beat Generation.
Als Freund von Allen Ginsberg und Jack Kerouac beeinflusste er Künstler wie Billie Holiday, William S. Burroughs und Paul Bowles. Aber auch Erika Mann war vom Künstler Robert Lax fasziniert. *(W)*
Das Vorbild von Lukas Zimmer ist die Konzentration von Alberto Giacometti und Robert Lax
→ *Alberto Giacometti*

Lac de Neuchâtel et canal de la Thièle

Lac Léman

Lac Noir

Léguman → ☐
Série télévisée française en vingt épisodes, créée par Roland Topor et diffusée dans le cadre de la série Téléchat
D'après le présentateur de l'émission, *Léguman* serait un «feuilleton débile» que les légumes regardent quand l'on ferme la porte du frigo.
Cette mini-série (trois saisons de cinq, neuf et six épisodes) met en scène un superhéros constitué de légumes: Sa tête est une citrouille avec des yeux et une bouche. Ses bras sont deux carottes. Ses jambes sont des cosses de petits pois géants. Sur son torse, bleu, est dessiné un écusson avec un radis.
Léguman a pour ennemi des objets qui deviennent fous, tels un aspirateur, un mixeur ou un pantalon. Il a parfois affaire à

Léguman

des adversaires plus allégoriques, comme la Grande Faucheuse.
Le déroulement est à chaque fois le même: une scène nous présente le méchant en train d'agir, avec une musique en fond. Le narrateur nous décrit alors le scénario et finit par une phrase du type: «Les carottes sont-elles cuites? Non!». Arrive alors Léguman qui se bat contre le méchant, le met à terre et lève les bras d'un air triomphant, pendant que retentit le générique.
Léguman, Léguman!
T'es l'enfant de la Terre
Le Soleil est ton père
Tu fais mordre la poussière
A ceux qui veulent la guerre
Léguman, Léguman!
(W)
Lieblingsfiktionsfigur von Ivan Sterzinger

Lehmann Aude **1976*
→ *90, → ☐*
Grafikerin
Lebt und arbeitet in Zürich
aude@whyart.net

Aude Lehmann

Studium an der Kantonalen Schule für Gestaltung Biel
Abschluss/Diplom als Grafikerin, 1996
Preise/Auszeichnungen: Jan-Tschichold-Preis, Bundesamt für Kultur, Bern, 2008; Die schönsten Schweizer Bücher, Bundesamt für Kultur, Bern, 2006, 2005; Eidgenössischer Preis für Gestaltung, Bundesamt für Kultur, Bern, 2001, 1999
Ausstellungen: «Signes quotidiens», Centre Culturel Suisse, Paris (F), 2005; «Bildsprache», Centre PasquArt, Biel, 2004; «Eidgenössische Preise für Gestaltung», Museum Bellerive, Zürich, 2001; «Eidgenössische Preise für Gestaltung», Kulturhallen Dampfzentrale, Bern, 1999
Publiziert in «Die schönsten Schweizer Bücher 2007», Hrsg. Bundesamt für Kultur, 2008; «Pathfinder – A Way through Swiss Graphix», IdN-PRO, 2003; «Silex – My Way», Die Gestalten Verlag, 2001

Leiden
Leiden ist schön.
Citation favorite de Nicolas Eigenheer

Le Moigne Nicolas **1979*
→ 94, → □
Designer de produits
Vit et travaille à Lausanne
nicolas_lm@hotmail.com
www.nicolaslemoigne.com

Nicolas Le Moigne

Etudes à l'Ecole cantonale d'art de Lausanne (ECAL)
Diplôme en tant que designer HES, design industriel, 2007
Stage chez Sam Hecht, «Industrial Facility», Londres (GB), 2006
Prix: Nomination, Design Preis Schweiz, 2007; 1er Prix, Macef Design Award, Milan (I), 2005; 3ème Prix, Berner Design Award, Berne, 2005; 1er Prix, Ville de Genève, Genève, 2004 (pour la création d'une horloge publique pour la ville de Genève)
Expositions: «ECAL/Nicolas Le Moigne», Salone Internazionale del Mobile, Milan (I), 2008; «CRISS + CROSS Design en Swiss», Musée de design et d'arts appliqués contemporains, Lausanne, 2007; «Inout config. 02», Salone Internazionale del Mobile, Milan (I), 2007; «Swiss Design Now», Museo de las Cienas Principe Felipe, Valencia (E), 2007; «belle vue – Junges Schweizer Design», Vienna Design Week, Vienna (A), 2007; «ECAL/Christofle», Salone Internazionale del Mobile, Milan (I), 2006; «Inout config.01», Musée de design et d'arts appliqués contemporains, Lausanne, 2006; «Swiss Design Now», Today Art Museum, Beijing (C), 2006; «ECAL/Swarovski», Salone Internazionale del Mobile, Milan (I), 2005; «designboom mart», 100% Design Tokyo, Tokyo (J), 2005
Publié dans «Frame Magazine» n°58, 9/2007; «Hochparterre» n°12, 10/2006; «Frame Magazine» n°51, 7/2006; «Design Art Magazine» n°7, 7/2006; «Neo2» n°45, 5/2005

Lesen
(mittelhochdt. *lësen*, althochdt. *lësan*, auswählend sammeln, aufheben, an sich nehmen; der Bedeutungszuwachs «Geschriebenes lesen» folgte vermutlich dem lateinischen *legere*)
Lesen heisst, dass ein Leser einem Text (Geschriebenem, Gedrucktem, aber auch Zeichen anderer Art) im Vorgang des Verstehens Bedeutung gibt. Kompetentes Lesen erfordert nicht nur, Einzelzeichen zu entziffern, sondern darüber hinaus, Zusammenhänge eines Textes zu erschliessen und ihn so synthetisierend zu verstehen. In diesem Sinne können z.B. auch Bilder oder Filme als Texte wahrgenommen werden und «gelesen» werden.
Sprachliche Zeichen sind, semiotisch gesehen, wie Zeichen allgemein, als blosse Zeichengestalten ohne Bedeutung; diese erhalten sie, indem ihnen Benutzer (Sprecher/Schreiber, Hörer/Leser) Bedeutung verleihen (Bedeutungskompletion). Lesen als Decodierung der vom Schreiber codierten Zeichen geht von einem gemeinsamen Code aus, der aber nicht für beide völlig identisch ist. Lesen heisst nicht, dass der Leser dem Text nur jene definierte Bedeutung mehr oder weniger korrekt «entnimmt», die ein Schreiber ihm durch den Text «mitteilt». Vielmehr ist Lesen eine aktive bedeutungsschaffende Tätigkeit, nicht «Sinnentnahme», sondern Sinnbildung durch den Lesenden aus einem Text, denn der Leser muss die Angebote des Textes an sein Sprach- und Weltwissen konstruktiv anschliessen, um sie für sich sinnhaft zu machen.
Neben Faktoren des Lesers (Bildung, Geschlecht, Motivation, Lesekompetenz usw.) und Faktoren des materiellen Leseobjekts (z. B. Handschrift oder Druck, Rolle oder Buch, Leserlichkeit) wie des Lesestoffes (z.B. Sachliteratur oder Belletristik) bestimmen Leseweise (Arbeitslektüre oder Unterhaltung, laut oder stumm usw.) und Lesesituation Qualität und Ergebnis des Lesens. Vom Lesestoff allein sind Qualität und Funktion nicht zu bestimmen, da diese sich erst durch den gesamten Lesevorgang bestimmen. [...] *(B)*
→ 136 Lukas Zimmer

Leutenegger Catherine **1983*
→ 97, → □
Photographe indépendante
Vit à Lausanne
Travaille à New York (USA) et Lausanne
cath@cleutenegger.com

www.cleutenegger.com
Etudes à l'Ecole cantonale d'art de Lausanne (ECAL)
Diplômes en tant que Master of advanced studies HES en design, communication visuelle, 2007; designer HES, communication visuelle, spécialisation photographie, 2005
Travaille aussi avec Sandra Guignard

Catherine Leutenegger

Prix: Prix International de la Photographie, Raymond Weil, Genève, 2007; Prix du Canton de Vaud, Affaires Culturelles du Canton de Vaud, Lausanne, 2007; Prix Culturel Manor, Groupe Maus Frères, Bâle, 2006; Bourse fédérale de design, Office fédéral de la culture, Berne, 2006; Prix encouragement de la Banque Cantonale Vaudoise, Banque Cantonale Vaudoise, Lausanne, 2005
Expositions: «Hors-champ», Aperture Foundation Gallery, New York (USA), 2008; «Hors-champ», Basel World, Raymond Weil, Bâle, 2008; «Plat(t) form 08», Fotomuseum Winterthur, Winterthur, 2008; «Hors-champ – Ausserhalb des Blickfeldes», International Photography Festival Leipzig, Leipzig (D), 2007; «Hors-champ», Slideluck Potshow, New York (USA), 2007; «Hors-champ – Ausserhalb des Bildes», Musée de l'Elysée, Lausanne, 2006; «Juriert – Prämiert. Eidgenössischer Wettbewerb für Design 2006», Museum für Gestaltung Zürich, Zurich, 2006
Publié dans «Fémina», 13.4.2008; «Photo District News», 17.10. 2007; «24 Heures», 25.8.2007; «20 Minutes», 2006; «Bourses fédérales de design 2006», Ed. Office fédéral de la culture, Birkhäuser, 2006

Letzigrund
Das *Stadion Letzigrund* ist ein Zürcher Fussball- und Leichtathletikstadion und sowohl Heimstadion des FC als auch des LC Zürich. Das Stadion wird zudem als alljährlicher Austragungsort des Leichtathletik-Meetings Weltklasse Zürich sowie regelmässig für gros-

se Openair-Konzerte genutzt. Ausserdem benutzt der Zürcher Fussballclub GCZ den Letzigrund seit der Schliessung ihres alten Heimstadions Hardturm (September 07) als Heimstadion.
Das erste Letzigrundstadion wurde 1925 eröffnet und 2006 abgebrochen. Der Neubau, der am 30. August 2007 offiziell eröffnet wurde, war während der Fussball-Europameisterschaft 2008 Austragungsort von drei Vorrundenspielen. *(W)*
→ 113 Prill & Vieceli

Lex Luthor *→ □*
Lex Luthor ist eine von Jerry Siegel und Joe Shuster geschaffene Figur der DC Comics, die einen Widersacher Supermans darstellt. Lex Luthor trat 1940 das erste Mal im Action Comic #23 auf. *(W)*
Lieblingsfiktionsfigur von Lex Trüb

Zürichsee als *Limmat*. *(W)*
Lieblingsfluss von Tania Prill, Ivan Sterzinger und Lex Trüb

Lex Luthor

Lost in Translation *→ □*
Sofia Coppola
USA, Japan (2003)
97 Minuten
L'histoire de «Lost In Translation» parle de Bob Harris (Bill

Scarlett Johansson dans: «Lost in Translation», Sofia Coppola (2003)

Limmat, beim Hardturm

Limmat *→ □*
Länge: 35,9km
406 m ü. M. – 328 m ü. M.
ZH/AG
Der Name entstand aus den beiden Flüssen Linth und Maag, die vor der Linthkorrektur in der Ebene zwischen Glarus und Weesen nahe Niederurnen zusammenflossen. Sie entspringt im Kanton Glarus als Linth, verlässt in Zürich den

Murray), un acteur américain à la carrière instable, qui a été envoyé à Tokyo, au Japon, afin d'y faire une publicité. Incapable de s'adapter au décalage horaire et à la situation présente, il s'est retiré du monde extérieur en haut de son gratte-ciel immense. Pendant ce temps, Charlotte (Scarlett Johansson), une jeune universitaire venue à Tokyo afin d'y accompagner son

mari, un photographe et journaliste de célébrités, pour un gala, s'ennuie et se sent seule. Son désespoir s'achève lorsqu'elle rencontre Bob. C'est alors que tous les deux, liés par le même désespoir, vont se lier d'amitié et commenceront à errer dans Tokyo, la nuit. *(W)*
→ *103 Emilie Meldem*

Henry Hull
in: "Werewolf in London",
Stuart Walker (1935)

KEYSTONE/CAMERA PRESS

Lupo Mannaro → ☐
Il licantropo (dal greco *lýkos*, lupo e *ànthropos*, uomo) detto anche *uomo-lupo* o *lupo mannaro* è una delle creature mostruose della mitologia e del folclore poi divenute tipiche della letteratura horror e successivamente del cinema horror.
Personaggio fantastico
preferito di Kiko Gianocca

M

Machine à laver
Choisissez une machine adaptée à vos besoins: une famille nombreuse aura besoin d'une machine de plus grande capacité qu'un célibataire. Préférez ensuite une machine de *classe A* (ou *A+* ou, mieux *A++*) qui consomme moins d'énergie. *(W)*
Outil quotidien préféré de
Catherine Leutenegger

Mads Madsen
Chasseur du nord-est du Groenland, qui sévit dans les romans de Jorn Riel, dont «Un gros bobard et autres racontars».
Personnage de fiction préféré de Cédric Decroux

Maggia → ☐
Länge 56km
2800m–193m
TI
Besonderheit: Wasserfall bei Ponte Brolla. Bei niedrigem Wasserstand stürzt das Wasser aus einer Höhe von ca. 4 Metern in einen Topf von gut 5 Meter Durchmesser und 4 Metern Tiefe, bevor es durch die erwähnte Schlucht bis zu einer Art See von etwa 15 Metern Tiefe

fliesst. Jährlich werden hier Springveranstaltungen ausgetragen, bei welchen die Teilnehmer von einer Plattform über 20 Meter in die Tiefe springen.
Wenn nach Schneeschmelze oder nach heftigen Gewittern in höheren Lagen der Wasserpegel plötzlich anschwillt, kann eine gefährliche Situation eintreten, durch die der Springer durch die Kraft des Wassers an den Fels gedrückt wird und ertrinkt. Trotz Warnungen kommt es immer wieder zu Todesfällen. *(W)*
Lieblingsfluss von Katja
Naima Schalcher

Magnum Photos
Coopérative photographique, la première de ce genre, créée en 1947 par Robert Capa, Henri Cartier-Bresson, George Rodger et David Seymour
Magnum Photos regroupe parmi les plus grands photographes et photojournalistes du monde.
Sa création avait pour but de permettre aux photographes de garder un contrôle total sur les droits de leurs photos.
Un photographe, s'il souhaite devenir membre de Magnum Photos, doit être «nominé». Il travaille alors sous la direction d'un photographe membre de Magnum Photos, durant une période d'essai de deux ans. A la fin de cette période, le photographe «nominé» peut devenir photographe associé. *(W)*
Idéal de Catherine
Leutenegger

Main
La plupart des êtres humains ont une main nettement plus habile que l'autre. Il s'agit sou-

vent de la main droite. De cette différence sont nées les conventions d'orientation. La main «malhabile» tire ses divers noms (*gauche, blessée, penecho, seneco, senestra, stanca, left…*) d'adjectifs négatifs ou est à l'origine d'adjectifs négatifs, quand ce n'est pas les deux à la fois: le mot *gauche* vient par exemple de *gauchir* (blesser) et peut à présent avoir le sens de *malhabile* ou *maladroite*. *(W)*
Outil de travail préféré de
Julie Usel

Mandela Nelson
*1918, Südafrika
«Der Kampf ist mein Leben.»
Nelson Mandela
Führender Anti-Apartheid-Kämpfer Südafrikas und erster schwarzer Präsident des Landes. *(W)*
Vorbild von Joy Ahoulou

Manger
Tu iras au lit sans manger.
Citation favorite d'Yves
Fidalgo
Occupation préférée de
Cédric Decroux

Mannequin
«Le corps ‹mode› aujourd'hui, c'est une silhouette faite au moule, d'une étroitesse incroyable, avec des bras et des jambes interminables, un cou très long et une très petite tête. Il ne faut pas avoir d'os trop larges. Il y a des choses qu'on ne peut pas raboter.» Karl Lagerfeld
Métier de rêve d'Emilie
Meldem

Marcopoulos Ari
*1957, Amsterdam (NL)

Photographer, film artist and adventurist
Lives and works in New York and Sonoma (USA)
Ari Marcopoulos began his career in New York City assisting Andy Warhol. He transplants himself into the intimate lives of people living on the edge. Artists, snowboarders, musicians, and skateboarders have been both muses and commercial subject-matter throughout his quarter century career as a photographer. His stunning landscapes and playful portraiture offer a dramatic take on everyday life, and a glimpse into all things awesome.
(www.afgmanagement.com)
→ *78 Nicolas Eigenheer*
→ *Sonoma*

Marin
Dans la littérature et le folklore populaire les marins sont représentés par divers personnages emblématiques: le Capitaine, le «cuistot», le mousse, le vieux loup de mer ou le corsaire qui sont confrontés aux pirates, aux sirènes, aux créatures marines géantes ou aux tempêtes avant d'échouer sur des îles désertes où il y a de fortes probabilités pour qu'ils découvrent un «coffre au trésor» enfoui dans le sol par les pirates grâce à une «carte au trésor» plus ou moins codée. *(W)*
Métier de rêve de Raphaël
Von Allmen

Marteau
Un *marteau* est un outil percuteur, servant par exemple à enfoncer un clou. Le marteau est fait d'une tête et d'un manche. La tête est constituée d'une masse métallique, elle agit par inertie, augmentée par la longueur du manche et celle du bras du manipulateur. *(W)*
Outil quotidien préféré de
Cédric Decroux

Materiale
I *materiali* sono in generale sostanze fisiche utilizzate nella produzione di oggetti. *(W)*
→ *87 Kiko Gianocca*

Matérialisation
1. Action de matérialiser, de donner une existence matérielle; fait de se matérialiser; concrétisation: Matérialisation d'un projet.
2. Action de matérialiser une voie, un emplacement, etc.: Matérialisation au sol des places de stationnement.
Parapsychol. Apparition paranormale d'un objet par création de matière. *(GDEL)*
→ *94 Nicolas Le Moigne*
→ *119 Katja Naima Schalcher*
→ *129 Julie Usel*

→ *133 Raphaël Von Allmen*

Matérialité
1. Caractère, nature de ce qui est matériel.
2. Circonstance matérielle qui constitue un acte, en dehors des motifs; réalité: Contester *la matérialité d'un fait*. *(GDEL)*
→ *75 Jean-Philippe Bonzon*

Matière
Les travaux d'Albert Einstein en relativité restreinte nous ont légué la fameuse formule $E = mc^2$, où E est l'énergie au repos d'un système, m est sa masse et c est la vitesse de la lumière dans le vide. Cela implique donc que la masse est équivalente à l'énergie et vice versa. Ainsi par exemple lorsque plusieurs particules se combinent pour former des atomes, la masse totale de l'assemblage est plus petite que la somme des masses des constituants car en fait une partie de la masse des constituants est convertie en énergie de liaison, nécessaire pour assurer la cohésion de l'ensemble. On appelle ce phénomène le défaut de masse. Ce même physicien a établi le lien entre la courbure de l'espace-temps et de la matière/énergie grâce à la théorie de la relativité générale: la matière courbe l'espace-temps et l'espace-temps dit à la matière comment se déplacer. Ainsi, en relativité générale, la matière et l'énergie sont regroupées sous la même bannière et une façon d'en mesurer la quantité est de mesurer la courbure de l'espace-temps qui les contient. *(W)*

Maulwurf, der kleine
1957 vom Prager Zeichner Zdeněk Miler erschaffen, nachdem er über eine Figur nachgedacht hatte, mit der man das Thema der Flachsverarbeitung in einem Film umsetzen könnte und die einen besonders Disney-fernen Charakter haben sollte – und dabei, der Legende zufolge, über einen Maulwurfshügel stolperte. *(W)*
Lieblingsfiktionsfigur von
Tania Prill

Maus
«Die Sendung mit der Maus» (ursprünglich: Lach- und Sachgeschichten für Fernsehanfänger) ist eine Kindersendung der ARD. Sie wurde 1971 von Dieter Saldecki, Gert Kaspar Müntefering und Armin Maiwald entwickelt und läuft seither fast jeden Sonntag um 11.30 Uhr. *(W)*
Lieblingsfiktionsfigur von
Katja Naima Schalcher

© Sammlung Winck, EAD

Maggia, bei Cevio

Me – Mos

Me, myself and I
Vorbild von Anita Moser

Meldem Emilie **1983*
→ 103, → ☐
Designer de mode
Vit et travaille à Bâle
emiliebm@hotmail.com
Etudes à la Hochschule für Ge-
staltung und Kunst Basel
(HGK Basel)
Diplôme en tant que designer de
mode HES, 2008
Stage chez Bernhard Willhelm,
Paris (F), 2007
Expositions: «My Design Dis-
trict», Showroom Edelweiss,
Lausanne, 2008; «My Play-
ground Design Hotel», Show-
room Edelweiss, Vevey, 2007
Publié dans «Boléro», 4/2008; «Pro
gramm Zeitung», 3/2008; «Edel-
weiss», 9/2007; «Edelweiss», 6/2007

Emilie Meldem

Mise en scène
En dépit de la richesse et de la
diversité des effets scéniques
connus au cours des siècles,
c'est seulement dans la seconde moitié du XIXᵉ s. que la notion de *mise en scène* s'installe
vraiment, en même temps que
l'officialisation de la fonction
de metteur en scène. La mise
en scène exige que le texte dramatique soit littéralement trans-
posé sur scène, que naisse une
véritable partition, sous l'auto-
rité d'un responsable qui prend
en charge l'harmonisation des
éléments constitutifs de la représentation et organise la mise en
évidence du sens. C'est pourquoi
on parle parfois aujourd'hui de
la lecture d'une œuvre par un
metteur en scène.
Toute la pratique moderne
de la mise en scène demeure
liée au débat qui commença
avec notre siècle et qui oppose,
à des degrés divers, les tenants
de la représentation figurative
du réel et ceux qui revendiquent
au contraire le droit à l'irréa-
lisme. La mise en scène s'éla-
bore en fait dans un va-et-vient
entre le réel et l'imaginaire, la
référence à la réalité et l'affirma-
tion d'une théâtralité. *(GDEL)*
→ 110 Olivier Pasqual
→ 139 Zimmermann
& de Perrot

Moby Dick
Moby-Dick; oder: Der Wal (engl.
Moby-Dick; or, The Whale) ist
ein 1851 in London und New
York erschienener Roman von
Herman Melville. Das erzähleri-
sche Rückgrat des Romans ist
die schicksalhafte Fahrt des Wal-
fangschiffes «Pequod», dessen
einbeiniger Kapitän Ahab mit
blindem Hass den weissen Pott-
wal jagt, der ihm das Bein abge-
rissen hat. Entlang dieses erzäh-
lerischen Fadens, der knapp die
Hälfte des Romans ausmacht,
reiht Melville zahlreiche philo-
sophische, wissenschaftliche,
kunstgeschichtliche und mytho-
logische Exkurse, zu denen noch
viele subjektive, mal lyrische,
mal auch ironische Betrach-
tungen des Autors kommen. *(W)*
Lieblingsfigur von Anita
Moser

Modedesign
Als *Modedesign* bezeichnet man
das Fach, das sich mit dem Entwerfen und der Gestaltung von
Kleidermode und Kleidung beschäftigt. *(W)*
→ 71 Joy Ahoulou
→ 103 Emilie Meldem
→ 107 Anita Moser
→ Kleidermode

Modedesigner
→ 71 Joy Ahoulou
→ 103 Emilie Meldem
→ 107 Anita Moser
→ Kleidermode
→ Modedesign
→ Modeschöpfer

Modèle
(ital. *modello*; du lat. *modulus*,
mesure, mode)
Technol. *Modèle de fabrique*,
produit manufacturé servant
de prototype. *(GDEL)*
→ 133 Raphaël Von Allmen
→ Prototypage

Modeschöpfer
Die wohl erste Person, auf die
der Begriff *Modeschöpfer* im
heutigen Sinne zutrifft, war
Charles Frederick Worth (1825
– 1895), der auch als Begründer
der Haute Couture gilt. Bevor
er sein Modehaus («maison
couture») in Paris gründete,
waren es überwiegend namen-
lose Schneider/innen, die Kleidung entwarfen. Nur wenige
der Modeschaffenden aus der
Zeit vor Charles Frederick
Worth schafften es, sich einen
Namen zu machen. Eine dieser
Ausnahmen war Rose Bertin,
die Modistin der französischen
Königin Marie Antoinette, die
sich jedoch selbst mehr als
Künstlerin verstand. *(W)*
→ 71 Joy Ahoulou
→ 103 Emilie Meldem
→ 107 Anita Moser
→ Kleidermode

Module
Elément juxtaposable, combi-
nable à d'autres de même nature ou concourant à une même
fonction: *Acheter progressive-*
ment les différents modules d'un
ensemble bibliothèque-disco-
thèque. (GDEL)
→ 75 Jean-Philippe Bonzon

Modulor → ☐
Le *Modulor* est une notion ar-
chitecturale inventée par Le
Corbusier en 1943. Silhouette
humaine standardisée servant
à concevoir la structure et la
taille des unités d'habitation,
comme la Cité radieuse de
Marseille, la Maison Radieuse
de Rezé ou l'Unité d'habitation
de Firminy-Vert, elle devait
permettre, selon lui, un confort

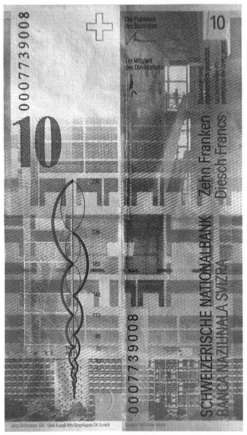

Modulor

maximal dans les relations entre l'homme et son espace vital.
Ainsi, Le Corbusier pense
créer un système plus adapté
que l'actuel système métrique,
car directement lié à la mor-
phologie humaine, et espère
voir un jour le remplacement
de ce dernier.
Il s'agit d'un mot-valise
composé sur «module» et
«nombre d'or». En effet, les
proportions fixées par le modulor sont directement liées
au nombre d'or. Par exemple,

le rapport entre la taille
(1,83 m) et la hauteur moyenne
du nombril (1,13 m) est égal à
1,619, soit le nombre d'or
à un millième près. D'autre
part la taille humaine standard
1,83 mètre est basée sur l'observation de l'architecture
traditionnelle européenne et
de l'utilisation des proportions
de cette unité pour élaborer
l'harmonie d'une architecture.
(W)

Moi
«L'acteur privé de son art apparaît quand l'expérience de la
nature humaine est remplacée
par la recherche du moi personnel.» *Richard Sennett*
Citation favorite d'Emilie
Meldem

Moka Express → ☐
Moka Express war die erste Es-
pressomaschine, die klein ge-
nug war, um sie auch im Privat-
haushalt einsetzen zu können.
Erfunden wurde sie 1933 vom
Italiener Alfonso Bialetti. *(W)*
Lieblingsalltagsgerät von
Ivan Sterzinger

Moléson
2002 m
FR
Montagne préférée de
Nicolas le Moigne

Monografie
Als *Monografie* bezeichnet man
im Gegensatz zum Handbuch
eine umfassende, in sich vollständige Abhandlung über einen einzelnen Gegenstand,
also ein einzelnes Werk, ein
spezielles Problem oder eine
einzelne Persönlichkeit. Eine
Monografie stammt im Regel-
fall von einem einzigen Autor,
doch gibt es durchaus auch Ge-
meinschaftsarbeiten.
Die häufigste Form der Monografie ist in der Literatur die
Biografie, welche auch das Ge-
samtwerk bzw. die Bedeutung
und allgemeine Bewertung eines Künstlers, Schriftstellers
oder einer sonstigen, für die
Öffentlichkeit meist wichtigen,
Person behandelt. *(W)*
→ 78 Nicolas Eigenheer
→ 90 Aude Lehmann
→ 113 Prill & Vieceli
→ 119 Katja Naima Schalcher
→ 125 Lex Trüb

Monte Zucchero
2735 m
TI
Lieblingsberg von Katja
Naima Schalcher

Moser Anita **1969*
→ 107, → ☐
Modedesignerin
Lebt und arbeitet in Basel
info@anitamoser.ch
www.anitamoser.ch
Lehre als Schuhmodelleurin bei
den Bally Schuhfabriken,
Schönenwerd
Studium an der Hochschule für
Gestaltung und Kunst Basel
(HGK Basel)
Diplom als Modedesignerin FH,
2001
Praktika bei Kostas Murkudis,
München (D), 1999; «bless»,
Paris (F), 1999; «Theater Ba-
sel», Basel, 1999
Label: «ANITA MOSER»
Preise / Auszeichnungen: Werk-
beitrag, Kommission für An-
gewandte Kunst des Kantons
Bern, 2007, 2006, 2003; Eid-
genössischer Förderpreis für
Design, Bundesamt für Kul-
tur, Bern, 2004, 2003
Shows / Ausstellungen: «Alfredo
Häberli Design Development
– SurroundThings», Museum
für Gestaltung Zürich, Zürich,

Moka Express

2008; «*Interieur 06*», Kortrijk Xpo, Kortrijk (B), 2006; «*Swiss Design 2004 – Innovation*», Museum Bellerive, Zürich, 2004; «*Swiss Design 2003 – Désir Design*», Musée de design et d'arts appliqués contemporains, Lausanne, 2003 Publiziert in «*Sleek Magazine*» Nr. 13, Winter 2006/2007; «*Ottagono*» Nr. 194, 10/2006; «*Form*» Nr. 210, 10/2006; «*Electronic beats magazine*», 3/2006; «*Swiss Design 2004 – Innovation*», Hrsg. Bundesamt für Kultur, Lars Müller Publishers, 2004; «*Swiss Design 2003 – Désir Design*», Hrsg. Bundesamt für Kultur, Lars Müller Publishers, 2003

Anita Moser

Mostra «Premi federali di design»
Dal 2002 l'Ufficio federale della cultura organizza una volta all'anno, alternativamente al Museum für Gestaltung Zürich e al mudac (Musée de design et d'arts appliqués contemporains) di Losanna, una mostra in relazione al Concorso federale di design. In questa mostra i lavori e progetti premiati nell'ambito del Concorso non sono semplicemente presentati e documentati, ma sono posti in un contesto più ampio mediante manifestazioni collaterali e messi in relazione agli sviluppi in atto nel design odierno. *(www.bak.admin.ch)*
→ *Concorso federale di design*
→ *Museum Bellerive*

Mousse
Pierre qui roule n'amasse pas mousse.
Proverbe favori d'Emilie Meldem

Moustique
La femelle adulte, pour sa reproduction, pique les vertébrés pour prélever leur sang contenant des protéines nécessaires à la fabrication des œufs.
Tout comme la tique, le *moustique* repère sa cible grâce à son odorat: celui-ci leur révèle la présence de dioxyde de carbone et celle d'acides gras comme l'acide butyrique, aux relents ammoniaqués, émis par la respiration de la peau (c'est ce facteur qui fait que certaines personnes sont plus souvent piquées que d'autres). Des scientifiques américains ont identifié plus de 340 odeurs émises par la peau humaine susceptibles d'attirer les moustiques. *(W)*
Animal détesté par Raphaël Von Allmen

Mozilla Firefox
Mozilla Firefox (abbreviated officially as Fx, but also commonly as FF) is a free web browser descended from the Mozilla Application Suite, managed by the Mozilla Corporation. Firefox had 18.41 % of the recorded usage share of web browsers as of May 2008, making it the second-most popular browser in current use worldwide, after Internet Explorer. *(W)*
→ *136 Lukas Zimmer*
→ *Web browser*

Christian Muhr

Muhr Christian → ☐
Experte am Eidgenössischen Wettbewerb für Design 2008 Ausstellungsmacher und Partner von «Liquid Frontiers» Wien (A)

Aurelia Müller

Müller Aurelia → ☐
Kunsthistorikerin Dienst Design Bundesamt für Kultur Bern
→ *Patrizia Crivelli*
→ *Mirjam Fischer*
→ *Eduard Hartmann*
→ *Yvonne Fuhrer*
→ *Barbara Vlachos*

Munt la Schera
2586,7 m ü. M.
GR
Lieblingsberg von Lukas Zimmer

Museum Bellerive
Das *Museum Bellerive*, in dem seit 1968 die Kunstgewerbesammlung des Museums für Gestaltung Zürich untergebracht ist, hat sich als Museum für angewandte Kunst im Schweizer Unikat- und Kleinserienbereich einen internationalen Namen gemacht. Als Ort globaler Kommunikation trägt das Museum durch seine Ausstellungen an der intensiven Auseinandersetzung mit zeitgenössischer Kunst und Designströmungen bei. Das Kunsthandwerk ist immer der Kristallisationspunkt der Ausstellungen, die eine seismografische Bestandesaufnahme der aktuellen Befindlichkeiten zwischen Kunst und Design ermöglichen. *(www.museum-bellerive.ch)*
→ *Eva Afuhs*
→ *Jacqueline Greenspan*
→ *Sonja Gutknecht*
→ *Craig Neil*

Musik
Vereint die Musen mit *techne* (der Kunst aber auch dem Handwerk), also etwa «Kunst oder Handwerk der Musen», über lat. [ars] *musica*, «Tonkunst») ist die Kunst, Schall zu klanglichen Kunstwerken zusammenzufügen. Musik ist jedoch nicht stets an ein Kunstverständnis geknüpft, so können jede Tonfolge oder auch Geräusche (Tierstimmen, Brandung etc.) als Musik angesehen werden.
Eine genaue Bestimmung, was Musik ist und was nicht, ist schwierig. Die meisten Musiktheoretiker gehen davon aus, dass Musik nur Musik ist, wenn sie absichtlich von Menschen als solche gemacht wird. Abgesehen von Ausnahmen wie dem gedankenverlorenen Vor-sich-hin-Pfeifen, wird Musik meistens auch für Menschen (Zuhörer) gemacht. Damit steht fast jede Musik in einem bestimmten gesellschaftlichen Kontext und hat einen konkreten Zweck. Sie wird zu einer bestimmten Zeit (innerhalb der Kulturgeschichte) gemacht bzw. geschrieben und orientiert sich an bestimmten Vorbildern (Traditionslinien innerhalb der Musik). *(W)*
→ *139 Zimmermann & de Perrot*

Musiker
Als *Musiker* werden Personen bezeichnet, die sich mit Musik befassen – im engeren Sinne professionell oder im Nebenberuf, im weiteren Sinne auch als Laie. Als Berufsmusiker gilt, wer seinen Lebensunterhalt ausschliesslich oder überwiegend aus der Musik erwirtschaftet. Ein professioneller Musiker betreibt die Musik mit der sogenannten Gewinnerzielungsabsicht.
Musiker spezialisieren sich üblicherweise auf ein bestimmtes Genre, wobei Überschneidungen möglich sind. *(W)*
→ *139 Dimitri de Perrot*
→ *Komponist*
→ *Musik*

Mythen
1. Die Erzählung von Göttern, Heroen u. a. Gestalten und Geschehnissen aus vorgeschichtlicher Zeit;
2. die sich darin aussprechende Weltdeutung eines frühen (mythischen) Bewusstseins;
3. das Resultat einer sich zu allen Zeiten, auch in der Moderne («neue Mythen») vollziehenden Mythisierung im Sinne einer Verklärung von Personen, Sachen, Ereignissen oder Ideen zu einem Faszinosum von bildhaftem Symbolcharakter. *(B)*
→ *119 Katja Naima Schalcher*

N

Naima
Variante des weiblichen Vornamens *Noemi*.
Auf Hebräisch bedeutet Noä'miy *angenehm, erfreulich, liebenswürdig.*
Zweitname von Katja Naima Schalcher

Natura
«*La natura non fa nulla di inutile.*» *Aristotele*
Citazione preferita di Kiko Gianocca

Neige → ☐
Kepler fut l'un des premiers scientifiques à s'intéresser à la formation des flocons. Il rédige en 1611 un traité, *L'Etrenne ou la neige sexangulaire*. Vers 1930, le japonais Ukichiro Nakaya forme ses propres flocons en conditions expérimentales, fixant la température et la saturation en eau. Il s'aperçoit alors que la forme des cristaux dépend de ces deux paramètres. En 1935, Tor Bergeron développe la théorie de croissance des flocons à partir de la cannibalisation des gouttes d'eau surfondues appelée l'Effet Bergeron. *(W)*
Phénomène naturel préféré de Cédric Decroux et Nicolas Eigenheer

Neil Craig
Organisation, Ausstellungsbau Museum Bellerive Kunstgewerbesammlung des Museum für Gestaltung Zürich
→ *Museum Bellerive*

Nicolai Carsten
*1965, Karl-Marx-Stadt (D) Artist based in Berlin (D)
Nicolai is an artist who is very active as a musician in the field of glitch music and a co-founder of the renowned German record label Raster-Noton. He has created music from overlooked sounds – the noises of modems and telephones for example.
Carsten Nicolai is also working as a visual artist. Using the principles of Cymatics he visualizes sound. Nicolai's practice is formed by a convergence of sound, painting and sculpture that results in installations exploring the idea of creativity filtered through modularized systems and codes. His music features prominently in his art. Nicolai's work exposes the limitations, and potential beauty and creativity, possible within strict logical systems. *(W)*
→ *78 Nicolas Eigenheer*

Nomadic Furniture
Victor Papanek and James Hennessey set out to change the world in the mid-1970 s, empowering the people to cre-

Cristal hexagonal de neige avec de larges branches

ate their own inexpensive furnishings. In their vision of home design, everything is lightweight, folds, inflates, knocks down, stacks, or is disposable. They offer simple instructions for making beds, chairs, sofas, stools, and tables, using inexpensive and recycled materials. Their ideas open up channels for creativity, as well as for saving money and lightening a household's footprint. This practical, lighthearted approach to living is certainly worth a revisit, in a world where environmental consciousness is quickly evolving. Nomadic Furniture, by designers James Hennessey and Victor Papanck, is not an exhaustive examination of all nomadic furniture but a basic overview of the fundamental types of furniture that people need and how those living the nomadic lifestyle can travel with the furniture they need. *(Hennessey, James and Papanek, Victor. Nomadic Furniture, Pantheon Books, 1973)*
→ *75 Jean-Philippe Bonzon*

Nuée d'oiseaux

Nuée → ☐
On parle de *nuée* ou de volée pour les groupes volant et compacts d'oiseaux.
Phénomène naturel préféré d'Emilie Meldem

Numérique
L'adjectif *numérique* qualifie toute donnée ou variable dont les valeurs sont des nombres.
Un système *numérique* est un système qui utilise les nombres, bien souvent le système binaire, afin d'acquérir, de traiter, de transmettre, de stocker ou d'afficher des informations (ou données), plutôt qu'un spectre continu de valeurs (un système analogique) ou de

symboles non numériques tels que des lettres ou des icônes.
La distinction entre «numérique» et «analogique» (ou «symbolique») peut aussi s'appliquer au moyen de saisie des données, au stockage et au transfert des données, au fonctionnement interne de l'appareil ou au type d'affichage.
Le mot *numérique* est le plus souvent employé dans l'informatique et l'électronique, surtout lorsque les informations sont converties au format binaire tel que dans l'audionumérique ou la photographie numérique. De tels signaux comportant des données peuvent transmettre deux types de pulsations électroniques ou optiques: logique 1 (pulsation présente) ou logique 0 (pulsation absente). Le terme numérique est souvent symbolisé par le préfix «e-», tel qu'on le voit dans les mots e-mail et e-book, bien que certains systèmes électroniques ne soient pas complètement numériques. *(W)*
→ *97 Catherine Leutenegger*

O

Objet
Une entité (une *chose*) définie dans un espace à trois dimensions, soit naturelle, soit fabriquée par l'homme (un artéfact), qui a une fonction précise, désignable par une étiquette verbale (un nom). En ce sens, l'objet est *sensible*, c'est-à-dire qu'il est ou doit pouvoir être perceptible par au moins un des cinq sens ou par un dispositif ad hoc (instrument de laboratoire en *physique*, par exemple). Il est défini par les

relations externes qu'il entretient avec son environnement, par son état et les mouvements ou modifications qu'il subit ou qu'il cause. De ce fait, puisque rien n'est permanent, il évolue dans le temps. Les objets des sciences ou des disciplines académiques sont, selon l'opinion commune, des objets *naturels*. Les philosophes constructivistes allèguent que ces objets deviennent, par le fait même d'être objets d'études et d'être mis en équation et formulations spécifiques à l'observation ou à l'usage qu'on en fait, des *créations* humaines, des inventions ou des artéfacts. Toujours est-il que chaque discipline a son objet (ou ses objets), et que le sens de ce mot, au sein d'une discipline, est relatif à celle-ci. *(W)*
→ *75 Jean-Philippe Bonzon*
→ *94 Nicolas Le Moigne*
→ *119 Katja Naima Schalcher*
→ *133 Raphaël Von Allmen*
→ *Corpo*
→ *Matérialisation*
→ *Objet fonctionnel*
→ *UFO*

Objet fonctionnel
Art du XXe s. Dès le début du siècle, les arts plastiques, dans leur entreprise de dépassement des catégories esthétiques traditionnelles, ont imposé la notion d'objet. Refus de l'opposition objet d'art/objet industriel (Bauhaus), remise en question de l'œuvre et de la fonction de l'artiste (ready-made de Duchamp), exploration poétique du fonctionnement symbolique des objets (objets et assemblages surréalistes) sont les principes premiers de ce processus. Élément indissociable de la vie quotidienne, l'objet (neuf ou usagé, isolé ou en assemblage, en accumulation, en compression etc.) devient après la Seconde Guerre mondiale le fondement d'une esthétique ancrée dans la réalité contemporaine (pop art, nouveau réalisme). Matériau conçu pour agir sur le spectateur (art cinétique) ou destiné à l'interpeller directement dans un espace spécifique (environnement), l'objet peut être choisi comme «document» dans une «œuvre-enquête» (chez Boltanski, par ex.) comme instrument ou repère dans le déroulement d'une action, comme support d'investigations sophistiquées (art conceptuel), ou comme élément brut (art pauvre). *(GDEL)*
→ *82 Fulguro*
→ *113 Prill & Vieceli*

Office fédéral de la culture
L'*Office fédéral de la culture* a pour mission de favoriser la culture dans sa diversité et de faire

en sorte qu'elle puisse se développer en toute indépendance.
C'est ainsi qu'il soutient la création dans les domaines du cinéma, de l'art et du design. Il appuie et encourage par ailleurs la formation des jeunes Suissesses et Suisses de l'étranger et les projets des diverses communautés linguistiques et culturelles. L'OFC veille également à la conservation du patrimoine, des monuments et des sites archéologiques. Il gère de précieuses collections, des bibliothèques, des archives et des musées et il formule la politique culturelle de la Confédération.
Il se subdivise entre l'Encouragement à la culture, la Bibliothèque nationale suisse et le Musée national suisse. L'OFC fait partie du Département fédéral de l'intérieur. *(www.bak. admin.ch)*
→ *Concours fédéral de design*
→ *Concours «Les plus beaux livres suisses»*

Orage
Un *orage*, de l'ancien français *ore* qui signifiait *vent*, est une perturbation atmosphérique d'origine convective associée à un type de nuage particulier: le cumulonimbus. Ce dernier est à forte extension verticale, il engendre des pluies fortes à diluviennes, des décharges électriques de foudre accompagnées de tonnerre. *(W)*
Phénomène naturel préféré de Julie Usel

Ordinateur
Le mot *ordinateur* fut introduit par IBM France en 1955. François Girard, alors responsable du service publicité de l'entreprise, eut l'idée de consulter son ancien professeur de lettres à Paris, Jacques Perret, afin de lui demander de proposer un mot caractérisant le mieux possible ce que l'on appelait vulgairement un calculateur (traduction littérale du mot anglais

computer). Ce dernier proposa «ordinateur», un mot tombé en désuétude désignant anciennement un ordonnateur, voire la notion d'ordre ecclésiastique dans l'église catholique (ordinant). Le professeur suggéra plus précisément «ordinatrice électronique», le féminin ayant pu permettre, selon lui, de mieux distinguer l'usage religieux de l'usage comptable du mot. *(W)*
Outil quotidien préféré de Nicolas Le Moigne
Outil de travail préféré de Catheri ne Leutenegger

Oreficeria
L'*oreficeria* è l'arte della lavorazione dell'oro e di altri metalli preziosi, come l'argento e il platino, per ottenere oggetti artistici.
L'arte orafa è strettamente correlata con la gioielleria, i cui manufatti utilizzano i metalli preziosi come leganti per la produzione di gioielli con gemme.
La lavorazione dell'oro, che fu uno dei primi metalli a essere utilizzato per le doti di indistruttibilità e malleabilità, è per lo più identica a quelle antiche: i monili vengono infatti ottenuti tramite fusione e realizzati mediante varie tecniche, come il cesello, lo stampo, a sbalzo, a filigrana, ecc. *(W)*
→ *87 Kiko Gianocca*

Ouragan → ☐
En météorologie, un cyclone tropical est un type de cyclone (dépression) qui prend forme dans les océans de la zone intertropicale. Ils sont connus sous divers nom à travers le monde: *ouragans* dans l'Atlantique nord et le Pacifique nord-est, *typhons* dans le Pacifique nord-ouest et simplement cyclones ailleurs. Structurellement, un cyclone tropical est une large zone de nuages orageux en rotation autour de son centre et accompagnée de forts vents. *(W)*
Phénomène naturel préféré d'Olivier Pasqual

07/12/2005

Ouragan
Maison conçue pour résister aux cyclones

P

Pas

Il n'y a que le premier pas qui coûte.

*Proverbe favori de
Catherine Leutenegger*

Pascal

«Celui qui est né à Pâques» ou qui se rapporte à Pâques, tels *l'agneau pascal* et *le mystère pascal*.

*Deuxième prénom de
Dimitri de Perrot*

Peace Fuck

Olivier Pasqual

Pasqual Olivier *1979*
→ 110, → □
*Photographe
Vit et travaille à Genève
info@olivierpasqual.ch
www.olivierpasqual.ch
Etudes à l'Ecole cantonale d'art de Lausanne (ECAL)
Diplôme en tant que designer HES, communication visuelle, 2005*

Passementerie → □

La *passementerie* regroupe l'ensemble des productions en fil de toute nature (végétal, animal, métallique …) utilisées en décoration vestimentaire ou architecture intérieure. Elle désigne également le commerce de ces produits. Des exemples de passements: cordons, dentelle, frange, liseré, ruban. Technique: La passementerie utilise trois sortes de métiers à tisser: le métier à main; le métier ratière; le métier à crochets pour les séries industrielles.

La passementerie étant un ornement coûteux, elle a longtemps été réservée à une élite comme signe de distinction sociale, d'un pouvoir royal, aristocratique, religieux ou militaire. Dès la fin du XVIIᵉ siècle, elle devient obsolète avec la simplification des vêtements.

Les passements les plus utilisés dans la mode sont: les franges moulinées (souples); les franges torses guipées (rigides); les franges méchées ou quadrillées. Certains boutons ou brandebourgs peuvent être en passementerie. *(W)*
→ *103 Emilie Meldem*

Peace → □
Peace Fuck.
Citation favorite d'Emilie Meldem

Perle

La valeur des perles est déterminée par leur brillance, leur couleur, leur taille et leur symétrie. La brillance est le plus important des critères pour juger de la qualité d'une perle, surtout pour les joailliers; plus la perle est grosse, plus elle se vend cher. Les grosses perles parfaitement rondes sont très rares et très recherchées pour des colliers à plusieurs rangs. *(W)*
→ *129 Julie Usel*

Boules de pétanque

Pétanque → □

Le *jeu provençal* donnera naissance en 1907 à la pétanque, lors de la partie historique à La Ciotat où un champion de jeu provençal, Jules Hugues dit «le Noir», ne pouvant plus jouer à son jeu préféré à cause de ses rhumatismes, s'est mis un jour, à tracer un rond, envoyer le but à 5–6 m, et, les «pieds tanqués», à lancer ses boules pour se rapprocher du cochonnet. Ceci se passait sur le terrain de boules du café «La boule étoilée».

Sport favori d'Yves Fidalgo, si accompagné de grillades et de bière

Pferd → □

Eines der charakteristischsten Merkmale der Pferde ist die Reduktion der Zehenanzahl;

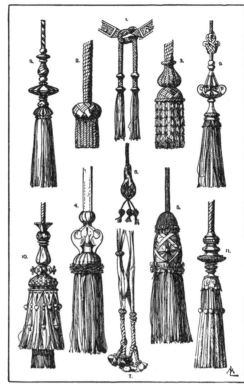

Passementerie

so haben alle heute lebenden Arten nur mehr eine funktionale Zehe (Monodactylie). Es handelt sich dabei um die dritte Zehe, die restlichen Zehen sind zurückgebildet und am Skelett des Vorderbeins als rudimentäre Griffelbeine erhalten. Hufe bilden als «Hufschuh» eine vollständige Bedeckung des letzten Zehengliedes. Beim Gehen setzen Pferde nur das letzte Zehenglied auf, sie sind also Spitzengänger. *(W)*

Unlieblingstier von Joy Ahoulou und Lex Trüb

Photographie

Le mot *photographie* est composé de deux racines d'origine grecque: le préfixe *«photo-»* (*photos*: lumière, clarté) – qui procède de la lumière, qui utilise la lumière; le suffixe *«-graphie»* (*graphein*: peindre, dessiner, écrire) – qui écrit, qui aboutit à une image. Littéralement: «peindre avec la lu-

mière». Le terme plus court de photo est très fréquemment utilisé. Dans le cas où l'on parle d'une image photographique, on emploie aussi souvent les termes image, tirage, vue ou agrandissement. La personne utilisant la technique photographique lors de la phase de prise de vue se nomme le photographe. Il existe de nombreux métiers connexes à la prise de vue. Par exemple, une personne travaillant dans un laboratoire pour procéder à l'agrandissement de négatifs se nomme le tireur.

Le terme photographie a un sens triple:
– C'est la technique qui permet de créer des images par l'action de la lumière.
– C'est une image obtenue par cette technique.
– Plus généralement, c'est la branche des arts graphiques qui utilise cette technique. *(W)*
→ *97 Catherine Leutenegger*
→ *110 Olivier Pasqual*

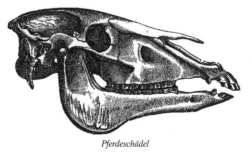

Pferdeschädel

Photographier

«Photographier, c'est mettre sur la même ligne de mire la tête, l'œil et le cœur. C'est une façon de vivre.» *Henri Cartier-Bresson*
*Citation favorite de
Catherine Leutenegger*
→ *97 Catherine Leutenegger*
→ *110 Olivier Pasqual*
→ *Photographie*

Pianist (E-Musik)

E-Musik ist eine Abkürzung für die sogenannte «ernste» oder «ernst zu nehmende» Kunstmusik. Fälschlicherweise wird E-Musik häufig mit klassischer Musik oder mit Absoluter Musik als deren «reinster» Form gleichgesetzt. *(W)*
Traumberuf von Alberto Vieceli

Pigeon

Les *pigeons* (genre *Columba*) sont des oiseaux de la famille des Columbidae, vivant en plaine et dans les villes, et se nourrissant principalement de graines, mais avec un régime très élargi autour des lieux où les déchets alimentaires leur sont disponibles, ce qui les fait parfois qualifier d'éboueurs urbains.

Le pigeon vit entre 5 et 10 ans et (en général) toujours avec la même femelle. Il partage avec elle toutes les tâches, même celle de nourrir les pigeonneaux avec le lait qu'ils produisent à l'aide d'une glande de leur jabot. Pourtant le pigeon n'est pas un mammifère. *(W)*
*Animal détesté par
Nicolas Eigenheer*

Pilatus → □
*2128,5 m ü. M. (Tomlishorn)
LU/NW/OW*
Im Mittelalter hiess das *Pilatusmassiv* noch Mons fractus («gebrochener Berg»), Frakmont oder Fräkmünd. Der älteste Bezug auf den Pilatus stammt um 1100 unter dem Namen «fractus mons». Das Pilatusmassiv wurde aber schon bald auch Mons pileatus, d. h. der mit Felspfeilern durchsetzte Berg (lat. *mons* «Berg» und lat. *pila* «Pfeiler, Strebe»), Pylatus (1480), Mons Pilati (1555), Pilatusberg genannt.
*Lieblingsberg von Ivan
Sterzinger und Martin
Zimmermann*

Pilot

Ein verantwortlicher *Pilot* (engl. *pilot in command*), auch Kommandant, ist, wer ein komplexes Fahrzeug, wie zum Beispiel ein Luftfahrzeug führt, eine gültige Erlaubnis besitzt und über die fliegerärztliche Tauglichkeit verfügt. *(W)*
*Traumberuf von Joy
Ahoulou*

Pilatus

Pinza

Le *pinze* furono inventate in Europa intorno all'anno 2000 a. C. per tenere serrati oggetti molto caldi, quali i pezzi di ferro incandescente, da forgiare sopra l'incudine. *(W)*
Utensile preferito di Kiko Gianocca

Places en atelier

A *Londres*, l'OFC offre deux ateliers/appartements de septembre 2008 à février 2009, et de mars 2009 à août 2009.
A *New York*, l'OFC offre deux appartements avec des places en atelier de septembre 2008 à février 2009, et de mars 2009 à août 2009.
Dans les deux villes, l'OFC se charge de la location et alloue une somme de 12 000 francs à titre de frais de subsistance.
→ *Concours fédéral de design*

Plantes

Les *plantes* (Plantae Haeckel, 1866) sont des êtres pluricellulaires à la base de la chaîne alimentaire. Elles forment l'une des subdivisions (ou règne) des Eucaryotes. Elles sont, avec les autres végétaux, l'objet d'étude de la botanique. *(W)*
→ *82 Fulguro*

Pläsierchen

Jedem Tierchen sein Pläsierchen.
Lieblingssprichwort von Katja Naima Schalcher

Plattenspieler → ☐

Beim *Plattenspieler* tastet eine Metall-, Saphir- oder Diamantnadel oder neuerdings auch ein Laser die Rille der Schallplatte ab. Der Tonabnehmer wandelt die Schwingungen der Nadel in schwache elektrische Ströme um, die entzerrt und verstärkt werden müssen, um ein Tonsignal wiedergeben zu können. *(W)*
Bevorzugtes Arbeitsgerät von Dimitri de Perrot
Lieblingsalltagsgerät von Alberto Vieceli

Plume calligraphique

Les *plumes* sont faites à partir de plumes d'oiseaux. Aujourd'hui on ne parle plus que de plume d'oie, mais les plumes de corbeau, de coq de bruyère et de canard étaient aussi utilisées pour l'écriture fine et les plumes de vautour et d'aigle pour l'écriture à traits larges. La plume d'oie est connue des romains mais ils lui préfèrent le calame et elle ne s'impose qu'à partir du ve siècle après J.-C. Elle dominera tout le Moyen Age et la période classique. Elle disparaît pratiquement à la fin du xixe siècle. *(W)*
Outil de travail préféré de Nicolas Eigenheer

Poesie

Das Wort *Poesie* (griech. *poiesis*, Erschaffung) bezeichnet zum einen das Feld der poetischen, mit Kunstfertigkeit, so die ursprüngliche Bedeutung, verfassten Werke, zum anderen eine ihnen gemeinsame Qualität.
In ersterer Bedeutung machte das Wort im 19. Jahrhundert im wissenschaftlichen Diskurs dem Sprechen über Literatur Platz. [...]
In der zweiten Bedeutung lebt das Wort in einem übertragenen Sprechen fort, das die Ästhetik eines Momentes und die von ihr ausgehende Wirkung auf den Wahrnehmenden berührt. Man kann sich von der «Poesie eines Bildes (einer Situation, eines Augenblicks, einer stillen Handlung, eines Fil-

mes) erfasst» zeigen. Das Wort bedeutet hier zumeist so viel wie die Beteuerung, man könne das, was einen da besonders berührt, schwerlich in Worte fassen, so zart, fein, still, kaum wahrnehmbar und darum kaum aussagbar sei es – ein Gedicht (so die heimliche Aussage) könne allenfalls (der gewöhnlichen sprachlichen Aussage hier überlegen) noch erahnbar machen, was jetzt das Besondere ist. Mit anderen Worten: Im deutschen Sprachgebrauch näherte sich «Poesie» immer mehr dem, was einmal mit Kitsch bezeichnet wurde. Gegen diese sich auch in Frankreich abzeichnende Gefahr lief der Surrealismus Sturm. André Breton sprach von der «Poesie des Alltags», Paul Éluard von «beabsichtigter» und «unbeabsichtigter» Poesie, Jacques Prévert zog das rätselhaft werdende Alltägliche im Gegenzug in die Poesie. Es entbehrt nicht einer gewissen Komik, dass die Surrealisten sich in diesen Texten als Lichtbringer hinstellen, als ob grosse Dichter nicht schon zu allen Zeiten vom «Alltäglichen» und ihren Gefühlen dazu gesprochen hätten. *(W)*
→ *87 Kiko Gianocca*
→ *139 Zimmermann & de Perrot*

Polarlicht

Das *Polarlicht* (lat. *aurora borealis*, Nordlicht bzw. lat. *aurora australis*, Südlicht) ist eine Leuchterscheinung (genauer ein Elektrometeor), die beim Auftreffen geladener Teilchen des Sonnenwindes auf die Erdatmosphäre an den Polen der Erde hervorgerufen wird. Polarlichter sind meistens nördlich 60° nördlicher Breite bzw. südlich 60° südlicher Breite zu beobachten. *(W)*
Lieblingsnaturphänomen von Katja Naima Schalcher

Polypropylène

Le *polypropylène*, de formule chimique -(CH2-CH-CH3)n-, est un polymère obtenu par la

polymérisation des monomères de propylène (CH2=CH-CH3).
On trouve beaucoup de polypropylène dans les équipements automobiles, notamment les pare-chocs, les tableaux de bord et l'habillage de l'habitacle. Le polypropylène est aussi beaucoup utilisé pour les emballages alimentaires pour sa résistance à la graisse comme les emballages de beurre, sa transparence et son aspect brillant. Il est également utilisé pour la fabrication des géotextiles et de géomembranes et on le trouve aussi sous forme de fibre dans les cordes plastiques et les tapis synthétiques.
Le polypropylène présente de nombreux avantages: il est indéchirable, flexible, léger et recyclable. En revanche, il est fragile à froid. *(W)*
→ *113 Raphaël Von Allmen*

Post-it

Post-it → ☐

Ein Klebezettel oder eine Haftnotiz, auch unter dem Begriffsmonopol *Post-it* bekannt, ist ein kleiner Zettel, der an der Rückseite einen mit Haft-Klebstoff beschichteten Streifen besitzt, mit dem man ihn an einem anderen (glatten) Gegenstand festkleben, von dort rückstandsfrei wieder lösen und erneut festkleben kann; die Klebewirkung verliert sich langzeitlich, ist aber für viele Klebungen ausreichend.
Das Original ist kanariengelb und hat eine Grösse von 76 x 76 mm. Mittlerweile gibt es mehr als 400 Produktvarianten. *(W)*
Bevorzugtes Arbeitsgerät von Alberto Vieceli

Premi federali di design 2008

210 designer hanno presentato la loro candidatura al Concorso federale di design 2008. Nel turno conclusivo del Concorso la Commissione federale del design, presieduta da Lorette Coen, ha premiato 19 opere/progetti di 22 designer. Le vincitrici e i vincitori possono scegliere tra un premio in denaro di 20 000 franchi, uno stage o un soggiorno in un atelier all'estero. Inoltre i lavori premiati saranno esposti al Museum Bellerive di Zurigo.
→ *Internships*

→ *Jury 2008*
→ *Soggiorni in atelier*

Premio Jan Tschichold

Nell'ambito del Concorso «I più bei libri svizzeri», dal 1997 il Dipartimento federale dell'interno assegna anche il *Premio Jan Tschichold* a una personalità o un'istituzione contraddistintasi per la sua creatività o il suo impegno nell'ambito del design librario. Il premio di 10 000 – 15 000 franchi è attribuito a prescindere dalle pubblicazioni iscritte al Concorso. *(www.bak.admin.ch)*
→ *90 Aude Lehmann*
→ *113 Prill & Vieceli*
→ *Concorso «I più bei libri svizzeri»*
→ *Jan Tschichold*

Prill Tania **1969*

→ *113*, → ☐
Grafikerin
Lebt in Zürich, arbeitet in Karlsruhe (D) und Zürich
tania@lutz.to
www.prill-vieceli.cc

Tania Prill

Studien an der Hochschule für Gestaltung und Kunst Basel (HGK Basel), Nachdiplomstudium Design, Art und Innovation; Hochschule für Künste Bremen (D); Hochschule für Gestaltung und Kunst Zürich (HGKZ), Studienbereich Visuelle Kommunikation
Abschlüsse/Diploma als Executive Master in Design, Art und Innovation, 2005; Diplom-Grafik-Designerin, 1996; Visuelle Gestalterin HfG, 1995
Arbeitet auch mit Alberto Vieceli unter dem Label «Prill & Vieceli»
Preise/Auszeichnungen: Bronzemedaille, Schönste Bücher aus aller Welt, Stiftung Buchkunst, Leipzig (D), 2008; Die schönsten Schweizer Bücher, Bundesamt für Kultur, Bern, 2008, 2007, 2006, 2005, 2003; Jan-Tschichold-Preis, Bundesamt für Kultur, Bern, 2007; Eidgenössischer Förderpreis für Design, Bundesamt für Kultur, Bern, 2007; red dot award, red dot GmbH, Essen (D), 2007; Leistungspreis, Hochschule für Gestaltung

Plattenspieler

und Kunst Zürich, Zürich, 2006
Shows/Ausstellungen: «Aktuelle Zürcher Grafik», Soda Magazin, Chaumont (F), 2008; «Bourses fédérales de design 2007», Musée de design et d'arts appliqués contemporains, Lausanne, 2007; «Die 100 besten Plakate 2005. Deutschland, Österreich, Schweiz», 100 Beste Plakate e.V., Berlin (D), Luzern, Shanghai (C), Wien (A), 2006; «Leistungspreis», Hochschule für Gestaltung und Kunst Zürich, Zürich, 2006; «Spielwitz und Klarheit, Schweizer Architektur, Grafik und Design 1950– 2006», Kornhausforum, Bern, 2006; «+ +41/1 – Kulturelle Grafik aus Zürich», Fachhochschule für Gestaltung Schwäbisch Gmünd, Schwäbisch Gmünd (D), 2004
Publiziert in «Die schönsten Schweizer Bücher», Hrsg. Bundesamt für Kultur, 2007; «Eidgenössische Förderpreise für Design 2007», Hrsg. Bundesamt für Kultur, Birkhäuser, 2007; «IDEA» Nr. 316, 2006; «entwürfe» Nr. 46, 2006; «Beauty and the book. 60 Jahre ‹Die schönsten Schweizer Bücher›», Hrsg. Bundesamt für Kultur, Verlag Niggli, 2004; «Area. 100 graphic designers, 10 curators, 10 design classics», Phaidon, 2003; «KAK Magazine», 1/2001

Prix Jan-Tschichold
Depuis 1997, le DFI décerne le *Prix Jan-Tschichold*, qui récompense une production extraordinaire dans le domaine du livre. Doté d'un montant de 10 000 à 15 000 francs, ce prix est attribué indépendamment des livres présentés au concours. *(www.bak.admin.ch)*
→ *90 Aude Lehmann*
→ *113 Prill & Vieceli*
→ *Concours «Les plus beaux livres suisses»*
→ *Jan Tschichold*

Projektleiter
Primär ist der *Projektleiter* für die operative Planung und Steuerung des Projektes verantwortlich. In diesem Zusammenhang trägt er die Verantwortung für das Erreichen von Sach-, Termin- und Kostenzielen im Rahmen der Projektdurchführung.
Im Bereich der Planung legt er Ziele sowie benötigte Ressourcen für deren Erreichung fest. (Lit.: Schulte-Zurhausen, 2002, S. 399)
Die Reichweite der Kompetenzen eines Projektleiters hängt primär von der Leitungsstruktur von Projektgruppen ab.
Hier werden zwei Arten unterschieden:

– Bei hierarchiefreien Projektgruppen sind alle Gruppenmitglieder gleichberechtigt, sie tragen gemeinsam die Verantwortung für das Projektergebnis.
– Im Gegenteil dazu wird in hierarchischen Projektgruppen ein Mitglied mit besonderer Kompetenz und Verantwortung ausgestattet. Die Reichweite der Kompetenz hängt grossteils von der Form der Projektorganisation ab und reicht vom lediglichen Informations- und Antragsrecht bis hin zu uneingeschränkter Leitungskompetenz im Rahmen des Projektes. Sie kann sich im Laufe der Projektdurchführung durchaus verändern. *(Lit.: Schulte-Zurhausen, 2002, S. 398f) (W)*
→ *122 Ivan Sterzinger*

Prototypage
De même que les industriels commencent toujours par procéder à un *prototypage* avant de construire de coûteuses usines afin de mettre en évidence les défauts qui n'avaient pas été imaginés, il est conseillé au concepteur de logiciels de réaliser une maquette, ou un prototype (ou les deux) pour tester la validité de sa conception, et recevoir les remarques des utilisateurs (il est en effet bien plus facile de comprendre une démonstration sur une maquette que de vérifier des spécifications écrites).
Une maquette effectue ses entrées-sorties sur des fichiers simulés (par exemple en mémoire) afin de permettre quelques tests rapides de fonctionnalités, et de prendre l'avis des futurs utilisateurs. Il fonctionne souvent sur un système différent de celui qui sera utilisé (par exemple sur un PC pour une application destinée à un mainframe).
Un *prototype*, lui, travaille sur les fichiers réels de l'entreprise ainsi que sur le réseau réel. Il est susceptible de fonctionner réellement dans le cadre d'un utilisateur. Il ne lui manque plus que les optimisations (assez souvent, la réécriture de tout ou partie du prototype en langage compilé permettant son usage intensif sans consommation excessive de ressources). *(W)*
→ *94 Nicolas Le Moigne*
→ *113 Raphaël Von Allmen*

Pudel → ☐
Ursprünglich waren *Pudel* apportierende Jagdhunde, spezialisiert auf die Wasserjagd. Der Name kommt vom alt-deutschen *puddeln* und bedeutet *im Wasser planschen*. Im Laufe der weiteren Zucht verlor der Pudel seine jagdlichen Fähigkeiten weitestgehend, die Apportierfreude ist geblieben.
Zu Anfang der Pudelzucht Ende des 19. Jahrhunderts gab es nur Gross- und Kleinpudel in den klassischen Farben schwarz, weiss und braun. Lange stritten sich 3 Länder um die Ehre, Ursprungsland des Pudels zu sein. Im Rahmen der FCI Anerkennung setzte sich dann in den 1930er-Jahren Frankreich gegenüber Deutschland und Russland durch. Eine weitere Grösse kam jetzt zum Rassenstandard hinzu, der Zwergpudel, dem in den 1990er-Jahren noch der Toy folgte; somit gab es nun 4 Grössenvarianten.
In den 1960er-Jahren wurde «Silber» und in den 1970ern «Apricot» in den offiziellen Standard aufgenommen. Die Anerkennung der neuen Farbe «Red» durch Frankreich, bzw. der FCI erfolgte im April 2007. In Wirklichkeit kommen Pudel in fast allen Farbvarianten vor, die es in der Hundewelt gibt. In den 80er-Jahren wurden in Deutschland auch zweifarbige Pudel zugelassen, allerdings nur in weiss mit schwarzen Platten (Harlekin) und in schwarz-loh (black-tan). Mittlerweile werden Black-tan und Harlekin Pudel auch in Österreich und Tschechien national anerkannt. *(W)*
Unlieblingstier von Alberto Vieceli
→ *Hund*

Push
"The best time I ever had with Joan Crawford was when I pushed her down the stairs in 'Whatever Happened to Baby Jane?'." *Bette Davies*
Lieblingszitat von Katja Naima Schalcher

Pudel

Q

Qualitätsprüfung
Qualitätsprüfung dient zum Feststellen, inwieweit eine Produktionseinheit die Qualitätsforderung erfüllt. Die Prüfung findet je nach Einsatzgebiet anhand harter Fakten oder subjektiver Empfindungen statt.
Die Daten der Qualitätsprüfung werden meist schriftlich erfasst und häufig am PC analysiert. Besonders in der industriellen Produktion kommen sog. CAQ-Systeme zum Einsatz, welche die Messdaten digital erfassen und teilw. auswerten.
Objektive Prüfungen sind vor allem in der Produktion zu finden: z. B. physikalische Eigenschaften – Länge, Breite, Gewicht, Dichte, Geschwindigkeit (Zeit) usw. – werden durch eine messende Prüfung erfasst und in der Qualitätsregelkarte ausgewertet.
Subjektive Fakten werden eher im Bereich von Dienstleistungen eingesetzt. Hier wird anhand von Fragebögen z. B. die «gefühlte» Geschwindigkeit der Leistungserbringung gemessen. Die Daten zu subjektiven Fakten werden durch attributive Prüfungen erfasst und in der Fehlersammelkarte dokumentiert.
Die Messergebnisse werden anhand von Diagrammen und statistischen Auswertungen mit den Anforderungen vergleichbar gemacht. *(W)*
→ *Cortis & Sonderegger*

R

Radfahren
«Ich nannte das Fahrrad meinen einzigen Freund. Wenn es möglich gewesen wäre, hätte ich vermutlich mit ihm geschlafen.» *Henry Miller*
Lieblingssport von Ivan Sterzinger
Lukas Zimmer bevorzugt es in Amsterdam
→ *Paul de Vivie*
→ *Karl Drais*

Radio
Im Sprachgebrauch Deutschlands heisst es *das* Radio, abgeleitet vom Radiogerät. Im Sprachgebrauch in Österreich und in der Schweiz sowie in der süddeutschen Umgangssprache ist *der* Radio, abgeleitet vom Radioapparat, ebenfalls üblich. In der Schweiz bezeichnet das Wort Radio eine Radiostation oder eine Kette wie Schweizer Radio DRS. *(W)*
Lieblingsalltagsgerät von Joy Ahoulou

Rap
Von dem amerikanischen Slangausdruck *to rap* «quatschen». Eine seit den 1960er-Jahren in der afroamerikanischen Bevölkerung New Yorks verwendete Form des Sprechgesangs; das rhythmische Sprechen zu Musik ist in der afroamerikanischen Kultur mittlerweile weniger ein Stil als ein Stilmittel und ist im Hip-Hop tragendes Element. Aber auch in anderen Spielarten der Popmusik wie Cross-over, R'n'B und Nu Metal ist Rap fester Bestandteil, wobei der Rapper hier an die Stelle des Sängers tritt. Ursprünglich wurde Rap in Diskotheken vom Diskjockey zwischen zwei Songs zur Animation der Tänzer eingesetzt, doch wurde diese Funktion bald vom Master of Ceremony (MC) übernommen. In der Strassenkultur ist Rap Mittel im Wettstreit zwischen Rappern, die sich durch virtuoses Rappen zu überbieten versuchen. Dabei spielt auch das Dissen, das verbale Verunglimpfen des Gegners, eine gewichtige Rolle. […] *(B)*
→ *122 Ivan Sterzinger*

Rappaport Alain
Szenograf der Ausstellung «Eidgenössische Förderpreise für Design 2008» im Museum Bellerive
Architekt und Szenograf Zürich
→ *www.rappaport.info*

Rappen
Wer den Rappen nicht ehrt, ist des Frankens nicht wert.
Lieblingssprichwort von Joy Ahoulou

Reductio ad absurdum
Die *Reductio ad absurdum* (v. lat. für *Zurückführung auf das widrig Klingende, Ungereimte,*

Unpassende, Sinnlose) ist eine Schlussfigur und Beweistechnik in der Logik. Bei der Reductio ad absurdum wird eine Aussage widerlegt, indem gezeigt wird, dass aus ihr entweder ein logischer Widerspruch oder ein Widerspruch zu einer bereits anerkannten These folgt.

Ein einfaches Beispiel: Um zu zeigen, dass nicht alle Menschen Griechen sind, wird zunächst das genaue Gegenteil angenommen, nämlich dass alle Menschen Griechen sind. Aus dieser Annahme folgt, dass Cicero ein Grieche war. Es ist aber bekannt, dass Cicero kein Grieche war (sondern Römer). Dass Cicero aber gleichzeitig ein Grieche und kein Grieche war, ist ein Widerspruch. Damit wurde die Aussage, dass alle Menschen Griechen sind, auf einen Widerspruch zurückgeführt (reductio ad absurdum), und so gezeigt, dass nicht alle Menschen Griechen sind. *(W)*
→ *Ad absurdum*

Regen
Unter *Regen* versteht man die am häufigsten auftretende Form des flüssigen Niederschlags mit einer Tropfengrösse von meist 0,6 bis 3 mm. Unterhalb von 0,5 mm spricht man von *Sprühregen* (auch *Nieselregen*). *(W)*
Der Sommerregen ist das Lieblingsnaturphänomen von Anita Moser
→ *Schnee*
→ *Wetter*

Reiten
Reiten bezeichnet die Fortbewegungsart des Menschen auf dem Rücken eines Tieres. Gemeint ist hierbei meist das Reiten eines Pferdes, genauso gut kann es sich jedoch um jedes andere Tier handeln, das in der Lage ist, einen Menschen auf seinem Rücken zu tragen. *(W)*
Lieblingssport von Joy Ahoulou

Reportage
Le *reportage* est une forme de récit journalistique qui privilégie le témoignage direct.

Témoin des événements qu'il rapporte, le reporter est aussi d'une certaine manière le représentant de ses lecteurs sur le terrain. Il doit rapporter les faits, mais aussi les questionner en s'informant auprès de sources officielles et alternatives, et apporter un regard curieux et critique sur les événements. *(W)*
→ *97 Catherine Leutenegger*

Requin → □
«Ce poisson mange les autres, il est très goulu, il dévore les hommes entiers, comme on a

John Singleton Copley, Watson and the Shark (Watson et le requin), (1778)

connu par expérience; car à Nice et à Marseille on a autrefois pris des Lamies, dans l'estomac desquelles on a trouvé homme armé entier.» *Guillaume Rondelet, L'histoire entière des poissons, 1558*
Animal détesté par Catherine Leutenegger

Patrick Reymond

Rigi

Rêve
«Fais de ta vie un rêve, et d'un rêve, une réalité.» *Antoine de Saint-Exupéry*
Citation favorite de Jean-Philippe Bonzon

Reymond Patrick → □
Membre de la Commission fédérale du design
Architecte et designer
Atelier Oï
La Neuveville

Rieser Esther
Gestalterin dieses Kataloges in Zusammenarbeit mit Bonbon
Visuelle Gestalterin FH
Zürich
→ *www.estr.ch*
→ *Bonbon*

Rigi → □
1797,5 m ü. M.
LU / SZ

Im Zuge der touristischen Erschliessung der Alpen wurde die Mär in die Welt gesetzt, Rigi sei eine Abkürzung von lat. *Regina montium* – «Königin der Berge».

Der älteste bisher bekannte Beleg für den Namen ist von 1368 und lautet: *in pede montis riginam* («am Fusse des Berges Rigina»). Etwas später, 1384, ist von *Riginen* die Rede.

Mit *Riginen* benennt man geologische Schichtungen, die an der Rigi-Nordseite deutlich sichtbar sind. *Rigi* ist also eine Ellipse, eine Verkürzung von *Riginen*.
Lieblingsberg von Joy Ahoulou

Rochester
Rochester is a city in Monroe County, New York State, south of Lake Ontario in the United States. The Rochester metropolitan area is the second largest economy in New York State, behind the New York City metropolitan area. Known as The World's Image Centre, it was also once known as The Flour City, and more recently as The Flower City. It is the county seat for Monroe County.

Rochester's population is approximately 208 000 making it New York's third largest city. It is at the center of a larger Metropolitan Area which encompasses and extends past Monroe County and includes Genesee County, Livingston County, Ontario County, Orleans County and Wayne County. This area, which is part of the Western New York region, had a population of 1 037 831 people in the 2000 Census. As of July 1, 2005, this population rose slightly to 1 039 028. *(W)*
→ *97 Catherine Leutenegger*
→ *George Eastman*
→ *Kodak*

Rohrer Joe
Illustrator dieses Katalogs
Wissenschaftlicher und populärwissenschaftlicher Illustrator
Luzern
→ *www.bildebene.ch*

Rorschach Hermann
*1884, Zürich
†1922, Herisau
Schweizer Psychiater und Psychoanalytiker
Er entwickelte den Rorschach-Test, einen «Tintenklecks-Test», der für klinische Zwecke in der diagnostischen Psychopathologie verwendet wurde. *(W)*
→ *107 Anita Moser*
→ *Rorschach-Test*
→ *www.stub.unibe.ch/html/ rorschach/index.html*

Rorschach-Test → □
Der *Rorschach-Test* (vulgo *Tintenkleckstest*, eigentlich: *Rorschach-Formdeuteversuch*) ist ein psychodiagnostisches Test-

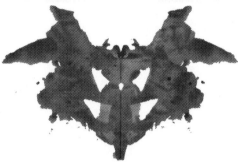

Rorschach-Test

verfahren, für das Hermann Rorschach eine eigene Persönlichkeitstheorie entwickelte und das später mit den Annahmen der Freudschen Schule verbunden wurde. Es gehört zu den sogenannten projektiven Tests und wird von Psychoanalytikern und Psychiatern angewendet, um die gesamte Persönlichkeit des Probanden zu erfassen. Ursprünglich bezog sich der Begriff «Psychodiagnostik» nur auf diese Methode.

Der Rorschach-Test wurde 1921 von dem Schweizer Psychiater Hermann Rorschach herausgegeben, nachdem zuvor schon etliche andere Versuche, aus Faltbildern Schlüsse auf die Persönlichkeit zu ziehen, gescheitert waren. Rorschach kam nach Entwicklung seines Formdeuteverfahrens in Kontakt mit der Psychoanalyse Sigmund Freuds, die die Rolle des Unbewussten (umgangssprachlich oft falsch als «Unterbewusstes» bezeichnet) erforscht. In den 1930er- und 1940er-Jahren fand der Test in Europa und in den Vereinigten Staaten weite Verbreitung. Von den 1970er-Jahren an hat John E. Exner das Verfahren, von dem es vor allem in den USA mehrere grosse «Schulen» gab, zu vereinheitlichen versucht (CS – «Comprehensive System»). In Europa gilt das Standardwerk von Ewald Bohm als Referenz.

Der Test besteht aus zehn Tafeln mit speziell aufbereiteten Tintenklecksmustern. Es gibt weltweit fast ein Dutzend Parallelserien, von denen die meisten nicht frei im Handel erhältlich sind. Die sie anwendenden Psychologen legen Wert darauf, dass die Bilder nicht öffentlich gezeigt werden, damit eine Beeinflussung des Tests durch Vorwegnahmen (zudem oft Falschinformationen, die etwa im Internet oder in «Testknackerbüchern» kursieren) vermieden wird. Die Tafeln werden in einer festgelegten Reihenfolge gezeigt, mit dem Hinweis, dass sie beliebig gedreht werden können, und die Testperson wird gefragt: «Was könnte das sein?» Dabei weist der Psychologe darauf hin, dass es keine «richtigen» oder «falschen» Antworten gebe. Während die Testperson die Tafeln betrachtet, notiert er Äusserungen, die Handhabung (Drehungen) der Karte sowie Reaktionszeiten. *(W)*
→ *107 Anita Moser*
→ *Hermann Rorschach*

S

Sarine → ☐
126 km
BE/FR/VS
La *Sarine* s'écoule vers le nord jusqu'à Gstaad puis vers l'ouest à travers le Pays d'Enhaut. A Montbovon, elle reprend la direction du nord jusqu'au lac de la Gruyère. Ensuite elle coule jusqu'à Fribourg, qui a été bâtie à l'intérieur d'un méandre. Toujours direction nord où elle retraverse un lac artificel, celui de Schiffenen, avant de se jeter dans l'Aar en dessous de Berne.

Elle forme aussi, en partie, la frontière linguistique de la région, séparant la Suisse romande francophone, à l'ouest, de la Suisse alémanique germanophone, à l'est. La locution «outre Sarine» désigne ainsi couramment la Suisse alémanique. *(W)*
Rivière préférée de Nicolas Le Moigne

Saville Peter
*1955, Manchester (GB)
Grafikdesigner
Lebt und arbeitet in London (GB)
Mitbegründer von «Factory Records»
Seine Arbeiten – z.B. die legendäre Hülle der New Order-Single Blue Monday in Form einer Floppy Disk oder das Cover zum Album Unknown Pleasures von Joy Division – zeichnen sich durch einen reduzierten, modernistischen Stil aus. Ein häufiges Stilmittel Savilles ist das Weglassen des Namens des Künstlers und/oder des Albumtitels. *(W)*
→ *125 Lex Trüb*

Katja Naima Schalcher

Schalcher Katja Naima **1978*
→ *119*, → ☐
Grafikerin
Lebt und arbeitet in Zürich
kschalcher@mysunrise.ch
Studium an der Hochschule für Gestaltung und Kunst Zürich (HGKZ)
Abschluss/Diplom als Designerin FH, Studienbereich Visuelle Kommunikation, 2007
Praktika bei «Moiré», Zürich, 2006; «RBG6», Stockholm (S), 2006
Arbeitet auch mit Naomi Baldauf

Chutes de la Sarine

Schere
Bei einer *Standardschere*, welche meist mir der rechten Hand bedient wird, bewegt sich beim Öffnen das dem Benutzer zugewandte Scherblatt nach unten und das entfernte Blatt nach oben. So hat man eine gute Sicht, an welcher Stelle geschnitten wird. Wird so eine Schere mit der linken Hand bedient, verdeckt das obere Scherblatt die Schnittstelle und man muss über das Blatt drüberschauen oder die Schere verdrehen. Deshalb sind bei einer Linkshänderschere die Blätter andersrum montiert und geschliffen. *(W)*
Bevorzugtes Arbeitsgerät von Joy Ahoulou

Schlittschuhlaufen
Schlittschuhlauf funktioniert zwischen -30°C und 0°C und bei -7°C besonders gut.

Gegenwärtig frieren in Mitteleuropa die natürlichen Wasserflächen wie Seen, Flüsse und Kanäle seltener so stark zu, dass regelmässiges Eislaufen möglich ist. *(W)*
Lieblingssport von Katja Naima Schalcher

Schneesturm
Ein *Sturm* bezeichnet ein Starkwindereignis. Je nachdem, was ein Sturm aufwirbelt bzw. mit was er zusammen auftritt, spricht man des Weiteren von einem *Schneesturm, Hagelsturm, Sandsturm* oder *Staubsturm*. *(W)*
Lieblingsnaturphänomen von Lukas Zimmer
→ *Regen*
→ *Schnee*
→ *Wetter*

Schuhdesignerin
Traumberuf von Anita Moser
→ *Design*
→ *Designer*

Schuhmodell
Unter *Schuhmodell* versteht man einen bestimmten Typ von Schuh, der sich durch optische oder funktionelle Merkmale von anderen Typen von Schuhen (und deshalb anderen Schuhmodellen) unterscheidet. Gleichen sich die sichtbaren Merkmale (Formen, Materialien), handelt es sich um das gleiche Schuhmodell, unterscheiden sie sich eindeutig voneinander, handelt es sich um ein anderes Schuhmodell. Meist sind diese Merkmale auf das als *Schuhschaft* bezeichnete Schuhoberteil beschränkt. Selten werden auch Merkmale des Schuhbodens wie die Absatzform oder -höhe zur Abgrenzung verschiedener Schuhmo-delle gegeneinander hinzugezogen. *(W)*
→ *107 Anita Moser*

Schwan
Dass der *Schwan* zum Symbol für Luther wurde, wird meist mit einer Legende erklärt: Der als Vorreformator geltende Jan Hus wurde 1415 während des Konzils von Konstanz als Ketzer hingerichtet, obwohl ihm freies Geleit zugestanden worden war. Er soll, bevor er verbrannt wurde, gesagt haben: «Heute bratet ihr eine Gans, aber aus der Asche wird ein Schwan auferstehen» (tschechisch «Hus» bedeutet «Gans»). Später wurde dieser Ausspruch auf Luther gedeutet. *(W)*
Unlieblingstier von Ivan Sterzinger

Scie à ruban
La *scie à ruban* est une machine-outil qui met en rotation une bande en acier fermée sur elle-même; elle sert principalement au délignage de plateaux en menuiserie et elle permet également le chantournage grâce à des lames de faible largeur. *(W)*
Outil de travail préféré de Raphaël Von Allmen

Scolopendre

Scolopendre → ☐
Scolopendra est un genre de chilopode de la famille des Scolopendridae. Les scolopendres sont des animaux carnassiers et voraces. *Scolopendra cingulata* est répandu sur tout le contour de la mer Méditerranée. *Scolopendra gigantea*, rencontré en Amérique du Sud, est l'espèce la plus grande (28cm). *(W)*
Animal détesté par Julie Usel

Scotch
La société 3M peignait les carrosseries de voiture, et la mode de l'époque était de peindre de 2 couleurs différentes. Les clients exigeaient des délimitations nettes et précises. La solution adoptée par la société était de poser des journaux, mais cette solution posait problème au décollage car le procédé abîmait la peinture. Dick Drew chercha avec l'accord de ses supérieurs un système plus adapté. Il inventa alors un ruban adhésif large, collant sur les 2 bords. Les employés de la société 3M, pensant qu'il s'agissait d'une économie d'adhésif, le surnommèrent ruban écossais *(scotch tape)*, à cause de la réputation des écossais d'être économes. Par diminutif, le mot Scotch entra dans le langage courant. *(W)*
Outil de travail préféré de Nicolas Le Moigne

Sébastien
En grec, *sebastos* signifie «vénéré». *(W)*
Deuxième prénom de Nicolas Le Moigne

Selle de vélo
Objet quotidien préféré d'Yves Fidalgo
→ *Paul de Vivie*

Libby Sellers

Sellers Libby → ☐
Expert at the Swiss Federal Design Competition 2008
Curator
Opened her own gallery space, "Libby Sellers Gallery", in 2007
London

Serpent à sonnette
Le terme de *crotale* désigne les serpents du genre *Crotalus* de la sous-famille des *Crotalinae*. On le désigne souvent, dans le langage courant, comme «serpent à sonnette» en raison de son bruiteur aussi apellé casca-belle, qui est un assemblage de grandes écailles imparfaitement fixées présent chez toutes les espèces du genre *Crotalus*, excepté chez *Crotalus catalinensis*. Ainsi, le crotale peut effrayer un intrus en agitant sa queue. Il ne peut entendre lui-même le son qu'il produit: comme tous les serpents, il est sourd. Il est considéré comme l'un des serpents les plus dangereux du monde. *(W)*
Animal détesté par Cédric Decroux

Shaw Jim
*1952, Midland (USA)
Artist
Lives and works in Los Angeles (USA)
Jim Shaw is a contemporary American artist. In 2000 he staged a show at the ICA, Lon-

don, of Thrift Store Paintings – paintings he had collected by (mostly anonymous) amateur artists in America. *(W)*
→ 78 Nicolas Eigenheer

Sieste → ☐
La *sieste* désigne un temps de repos pris au milieu de la journée, le plus souvent après le repas de midi. Sa pratique diffère selon les cultures, le climat et les individus.

Il est important de distinguer la sieste éclair (*power nap* en anglais) qui dure généralement entre 10 et 30 minutes, et permet de regagner concentration et énergie, de la sieste.

Le mot sieste vient de l'espagnol *siesta*, et celui-ci du latin *sexta* qui signifie «la sixième [heure du jour]». *(W)*
Occupation préférée d'Yves Fidalgo

Sieste
Gustave Courbet, Le Hamac (1844)

© Schweizerische Eidgenossenschaft

Sihl → ☐
Länge: 73 km
SZ / ZG / ZH
Die *Sihl* entspringt am Drusberg im Kanton Schwyz. In Zürich-Brunau verschwindet die Sihl unter einer Stadtautobahn, der Sihlhochstrasse. Ab dem Sihlhölzli fliesst sie wieder offen, unterquert den Hauptbahnhof und mündet am Platzspitz beim Landesmuseum in die Limmat.

Wenn die Staumauer des Sihlsees bräche, würde die Flutwelle innerhalb von zwei

Stunden in Zürich ankommen und dort Überschwemmungen verursachen. *(W)*
Lieblingsfluss von Alberto Vieceli

Simpsons, The
Die *Simpsons* ist eine von Matt Groening geschaffene US-amerikanische Zeichentrickserie.

Homer Jay Simpson ist das Familienoberhaupt der Simpsons, Ehemann von Marge und Vater von Bart, Lisa und Maggie.

Marjorie «Marge» Simpson, geborene Bouvier, die 34-jährige Ehefrau von Homer und Mutter von Bart, Lisa und Maggie, ist die gute Seele im Hause Simpson.

Bartholomew «Bart» Jo-Jo Simpson, alias «El Barto», alias «Bartman», ist der zehnjährige Sohn von Homer und Marge und zwei Jahre und 38 Tage

Sihl

© Sammlung Zingrebe, E4D

älter als Lisa.

Lisa Marie Simpson, acht Jahre alt, ist das zweite der Simpson-Kinder und hochbegabt.

Margaret «Maggie» Simpson ist mit einem Jahr das jüngste und neben Lisa das intelligenteste Mitglied der Familie. *(W)*
Lieblingsfiktionsfiguren von Joy Ahoulou

Skalpell
Ein *Skalpell* ist ein chirurgisches Instrument zum scharfen

Durchtrennen von Geweben.

Skalpelle werden häufig auch für filigrane Handschneidearbeiten, wie sie z. B. in der Grafik oder dem Modellbau vorkommen, eingesetzt. *(W)*
Lieblingsarbeits- und Alltagsgerät von Anita Moser

Skate
Die aus der Nutzung und «Aneignung» des öffentlichen Raumes oftmals erwachsenden Konflikt- und Kriminalisierungserfahrungen, die ersten Ursprünge des Skatens in der «Aussteigermentalität der Surfer» sowie die abgeforderte Kreativität haben das *Skaten* bis heute subkulturell verwurzelt. So ist es eine gewisse Verbindung mit Musikstilen wie Punk, Skatepunk und Metal sowie mit der Mode und der bildenden Kunst wie zum Beispiel Graffiti, Grafikdesign und Fotografie eingegangen. *(W)*
Lieblingssport von Dimitri de Perrot

Soggiorni in atelier
A *Londra* l'UFC offre due spazi in un atelier / alloggio dal settembre 2008 al febbraio 2009 e dal marzo 2009 all'agosto 2009.

A *New York* l'UFC offre due spazi in un atelier / alloggio dal settembre 2008 al febbraio 2009 e dal marzo 2009 all'agosto 2009.

L'UFC paga il canone d'affitto e versa un contributo di CHF 12 000 alle spese di vitto.
→ *Concorso federale di design*

Soleil
Le *Soleil* est une étoile actuellement âgée de 4,6 milliards d'années environ, soit à peu près la moitié de son chemin sur la séquence principale. On admet généralement qu'il s'est formé sous l'effet des ondes de choc produites par une supernova.

Dans son état actuel, le cœur du Soleil transforme chaque seconde plus de quatre millions de tonnes de matière (de masse) en énergie qui est transmise aux couches supérieures de l'astre et émise dans l'espace sous forme de rayonnement électromagnétique (lumière, rayonnement solaire) et de flux de particules (vent solaire). Dans les cinq milliards d'années à venir, le Soleil épuisera petit à petit ses réserves d'hydrogène; sa brillance augmentera d'environ 7 % par milliard d'années. Lorsqu'il sera âgé d'environ 10 milliards d'années, l'équilibre hydrostatique sera rompu. Le noyau commencera à se contracter et à se réchauffer tandis que les couches superficielles, dilatées par le flux thermique et ainsi partiellement libérées de l'effet

gravitationnel, seront progressivement repoussées: le Soleil se dilatera et se transformera en géante rouge. Au terme de ce processus, le diamètre du Soleil sera environ cent fois supérieur à l'actuel; il dépassera l'orbite de Mercure et de Vénus. La Terre, si elle subsiste encore, ne sera plus qu'un désert calciné. *(W)*
Phénomène naturel préféré de Nicolas Le Moigne

Sonnenfinsternis
Eine irdische *Sonnenfinsternis* oder Eklipse (griech. *ékleipsis*, Überlagerung, Verdeckung, Auslöschung) ist ein astronomisches Ereignis, bei dem die Sonne von der Erde aus gesehen durch den Mond ganz oder teilweise verdeckt wird. Rein zufällig haben Sonne und Mond am Himmel in etwa den gleichen scheinbaren Durchmesser, sodass der Mond die Sonne gerade so vollständig bedecken kann. *(W)*
Lieblingsnaturphänomen von Alberto Vieceli

Sonoma *(d.)*
Sonoma, Sonoma County
Kalifornien (USA)
9700 Einwohner (2004)
6,9 km²
In *Sonoma* Valley wurden Teile des Films «Scream» gedreht, nämlich die Szenen in der Schule und auf der letzten Party. *(W)*
→ 78 Nicolas Eigenheer
→ *Ari Marcopoulos*

Sonoma *(f.)*
Sonoma, Sonoma County
Californie (USA)
9700 habitants (2004)
6,9 km²
Située dans le comté de *Sonoma*, elle s'organise autour d'une place historique de style hispanique. Sonoma est aujourd'hui au cœur d'une région viticole. *(W)*
→ 78 Nicolas Eigenheer
→ *Ari Marcopoulos*

Sourire
Souris, on te sourira. Pleurs, seul tu seras.
Proverbe favori de Julie Usel

Spinne
In den Gesellschaften der westlichen Industrieländer herrscht eine irrationale Abneigung gegen diese Tiergruppe vor, die bis zur krankhaften Arachnophobie gehen kann, obwohl hier, mit Ausnahme von Australien, kaum humanpathogene *Spinnen* vorkommen. Unter den rund 40 000 Arten sind weniger als ein dutzend Arten für den Menschen gefährlich; wobei diese «Gefährlichkeit» nur in den seltensten Fällen ernsthafte Folgen hat. Hingegen

werden sie in anderen Gesellschaften, in deren Umwelt gefährliche Spinnen häufiger sind, toleriert, als Delikatesse verspeist oder gar als Gottheit verehrt. *(W)*
Unlieblingstier von Dimitri de Perrot

St. Laurent
1. Laurent de Rome serait né vers 210 ou 220 à Huesca, au royaume d'Aragon en Espagne. Il est mort martyr sur un gril, en 258 à Rome.
2. Yves Henri Donat Mathieu-Saint Laurent, *1936, Oran (DZ), †2008, Paris (F), est un grand couturier français. *(W)*
Deuxième prénom d'Yves Fidalgo

Ivan Sterzinger

Sterzinger Ivan *1977
→ 122, → ☐
Grafiker und Projektleiter
Lebt und arbeitet in Zürich
ivan.sterzinger@glashaus.ch
www.raphistory.net
www.glashaus.ch
Studium an der Universität Zürich
Abschluss / Diplom als Master of Science, 2006
Arbeitet auch mit Klemens Wempe unter dem Label «Rap History»; Gregor Huber unter dem Label «Glashaus»
Shows / Ausstellungen: «Handmade», Museum für Gestaltung Zürich, Zürich, 2005; «++41 / 1 – Kulturelle Grafik aus Zürich», Fachhochschule für Gestaltung Schwäbisch Gmünd, Schwäbisch Gmünd (D), 2004; «Code. The Language of Our Time», Ars Electronica, Linz (A), 2003
Publiziert in «Tages Anzeiger», 27.7.2007; «Neue Zürcher Zeitung», 30.3.2007

Stirnimann Elisabeth J.
1962, Knutwil
Schriftstellerin
Lebt und arbeitet in Zürich
Elisabeth J. Stirnimann hat entlang ihrer lyrischen Prosa in den Jahren 1998 bis 2006 immer wieder Gedichte verfasst, welche nun in einem Buch vorliegen. Der Wahrhaftigkeit verbunden, beruht ihre Lyrik auf intensiven Erfahrungen und

eindringlichen Gefühlen. Die Dichterin spielt dabei mit den Worten und ihren Möglichkeiten und entwirft Bilder von feiner und radikaler Schönheit. Die ganze Kraft ihrer Poesie liegt nicht zuletzt in ihrer Klanglichkeit als Annäherung an die Musik.
→ *113 Prill & Vieceli*

Studio residencies

The SFOC has two residential studios available in *London* from September 2008 to February 2009 and from March 2009 to August 2009.

The SFOC provides two possibilities for accommodation with studio space in *New York* from September 2008 to February 2009 and from March 2009 to August 2009. The SFOC will assume accommodation costs in both cities and pay a maintenance grant of CHF 12 000. *(www.bak.admin.ch)*
→ *Swiss Federal Design Grants 2008*

Stylo

Après sa mise au point en 1938, la diffusion massive du *stylo-bille* dès 1952 a fortement démocratisé l'utilisation du stylo. Le gros Bic 4 couleurs est quant à lui mis au point en 1970. *(W)*
Outil quotidien préféré de Raphaël Von Allmen

Swiss Federal Design Competition

Every year since 1918, the Swiss Federal Office of Culture has organised the *Swiss Federal Design Competition* aimed at young, talented designers. The competition prizes consist either of a cash sum, internships with renowned studios or offices, or studio residencies in Switzerland or abroad. Apart from offering prizes, the aim of the competition is to create structures and channels through which award winners are able to develop their careers and present their work to a wider audience.

The award-winning works are documented and presented in a broader context in an exhibition. The location of the exhibition alternates between the Museum für Gestaltung Zürich and the mudac (Museum of Design and Contemporary Applied Arts) in Lausanne. A detailed catalogue is also produced which responds to specific questions and themes of current design trends. As such, both the exhibition and the publication are of interest to professional designers as well as to the broader public at home and abroad.

The submitted works are judged by members of the Swiss Federal Design Commission and other experts from Switzerland and abroad. The submissions are not only assessed within their own field, but also discussed and compared with those from other fields in an interdisciplinary context. Awards are made to promising prototypes and products already in serial production, but also to experimental works produced as one-offs or in small quantities.

Participants must be designers of Swiss origin* up to the age of 40 (single persons or groups**).
* A Swiss Citizen is defined as someone who has the Swiss citizenship or permanent residency in Switzerland.
** Group applications: at least half of the participants have to have the Swiss citizenship or permanent residency in Switzerland and be no older than 40 years.
(www.bak.admin.ch)
→ *Swiss Federal Office of Culture*
→ *Swiss Federal Design Grants 2008*

Swiss Federal Design Grants 2008

210 designers entered the Swiss Federal Design Competition 2008. In the final round, the Swiss Federal Design Commission, under the presidency of Lorette Coen, selected 19 works/projects by 22 designers. The award winners are able to choose between prize money of CHF 20 000, an internship or a studio residency abroad. In addition, the award-winning works will be displayed at the Museum Bellerive in Zurich and presented in detail in a catalogue in text and image.
(www.bak.admin.ch)
→ *Internships*
→ *Jury 2008*
→ *Studio residencies*

Swiss Federal Design Grants Exhibition

Since 2002, the Swiss Federal Office of Culture has organised an exhibition every year in connection with the Swiss Federal Design Competition, which is held alternately at the Museum für Gestaltung Zürich or at the mudac (Museum of Design and Contemporary Applied Arts) in Lausanne. These exhibitions are intended to showcase Swiss design and present the work of the award-winning designers to an interested public. In order to stimulate discussion, the award-winning works and projects are not only presented and documented, but also expanded on in a broader context

through various accompanying events, and studied in terms of current design trends. A detailed catalogue is also published to mark the event. *(www.bak.admin.ch)*
→ *Swiss Federal Design Competition*
→ *Museum Bellerive*

Swiss Federal Office of Culture

The *Swiss Federal Office of Culture* (SFOC) promotes cultural life in all its diversity and creates the conditions to ensure that it can continue to flourish independently. It supports creative work in the fields of film, the visual arts and design. Its tasks also include supporting and promoting the education of young Swiss abroad as well as the interests of the country's various linguistic and cultural communities. The SFOC ensures the preservation of historic buildings and monuments, areas of local character and archaeological sites. It supports valuable collections, libraries, archives and museums, and formulates the cultural policy of the federal government. It is divided into the areas of cultural promotion, the Swiss National Library and the Swiss National Museum. The SFOC is part of the Federal Department of Home Affairs.
(www.bak.admin.ch)
→ *Swiss Federal Design Competition*
→ *"The Most Beautiful Swiss Books" Competition*

Sylvie

Du latin *Silvia*, féminin de *Silvius*, qui vient de *silva*: «la forêt». *(W)*
Deuxième prénom de Catherine Leutenegger

T

Taille-crayon

Un *taille-crayon* est un instrument permettant de rendre pointue l'extrémité d'un crayon en taillant la matière qui entoure la mine et en affûtant celle-ci. Il existe des taille-crayons manuels, mécaniques et électriques. *(W)*
Outil de travail préféré d'Yves Fidalgo
→ *Crayon*

Taube

Die *Tauben* sind gedrungen gebaute Vögel mit kurzem Hals und schlankem Schnabel. Die Nasenlöcher werden von einer Wachshaut bedeckt. Beim Trinken tauchen sie den Schnabel bis an die Nasenlöcher ins Wasser und saugen dieses hoch. *(W)*

Unlieblingstier von Katja Naima Schalcher
→ *Pigeon*

Tennis

«0» wird beim Tennis mit dem englischen Wort *Love* gezählt. Der Ursprung dieses Ausdrucks liegt wahrscheinlich in der Redewendung *to do something for love*, was soviel heisst wie etwas umsonst tun. Ein Spiel, bei dem der Gegner null Punkte erzielt hat, heisst daher auch Love Game. Ebenfalls kursiert der Ausdruck *neither for love nor for money* als Ursprung. Dieser Ausdruck ergibt den gleichen Sinn: Man bekommt weder Liebe noch Geld, also nichts. *(W)*
Lieblingssport von Joy Ahoulou

The Most Beautiful Swiss Books

"The Most Beautiful Swiss Books" Competition

The Swiss Federal Office of Culture has held "The Most Beautiful Swiss Books" Competition every year since 1999. The competition is under the patronage of the *Buchverlegerverband der deutschsprachigen und rätoromanischen Schweiz* (VVDS), the *Association Suisse des éditeurs de langue française* (ASELF) and the *Società editori della Svizzera italiana* (SESI). A five-member jury panel selects the award-winning books on the basis of formal design criteria. The selected books receive a prize and are displayed at two exhibitions at the Museum für Gestaltung Zürich and at the mudac (Museum of Design and Contemporary Applied Arts) in Lausanne. They are also featured in a special catalogue.

The aim of the competition is to promote book design in Switzerland and make it accessible to a broad public. The competition is open to all those involved in book design. The competition entry must, however, be submitted by the designer, the publisher or the printer concerned. At least one of these three parties must be based in Switzerland.

The jury considers its decision in January of each year.

The application form to enter the competition is available in October and can be downloaded online, requested by e-mail or in writing from the Swiss Federal Office of Culture, Art and Design Section.
(www.bak.admin.ch)
→ *ch.books@bak.admin.ch*
→ *"The Most Beautiful Swiss Books", Hallwylstrasse 15, 3003 Bern*

Thorgal

Pris dans une tempête en pleine mer, une expédition Viking découvre un bébé dans une mystérieuse embarcation (qui se révélera être une capsule spatiale). Le chef Viking, Leif Haraldson, adopte l'enfant et le nomme *Thorgal Ægirson* en référence à ses dieux (Thor le dieu de la foudre et Ægir le géant des mers).

Thorgal est une série de bande dessinée apparue en 1977, créée par Jean Van Hamme au scénario et Grzegorz Rosinski au dessin. *(W)*
Personnage de fiction préféré de Catherine Leutenegger

Töss

Länge: 50 km
ZH
Die *Töss* ist ein Fluss im Kanton Zürich. Sie entspringt im Zürcher Oberland in der Gegend der Berge Tössstock und Schnebelhorn bei Gibswil und durchfliesst das Tösstal gegen Norden. Bei Teufen mündet sie an der Tössegg in den Rhein. *(W)*
Lieblingsfluss von Martin Zimmermann

Totoro

Animationsfilm, Japan (1988)
Regie: Hayao Miyazaki
Ein *Totoro* ist ein freundliches Wesen, das nur von Kindern gesehen wird und nicht sprechen, wohl aber alles verstehen kann. *(W)*
Lieblingsfiktionsfigur von Alberto Vieceli

Trüb Lex *1971

→ *125*, → □
Grafiker
Lebt und arbeitet in Zürich
trueb@lehni-trueb.ch
www.lehni-trueb.ch
Studium an der Hochschule für Gestaltung und Kunst Zürich (HGKZ)
Abschluss / Diplom als Grafiker, 1997
Arbeitet auch mit Urs Lehni
Preise / Auszeichnungen: Die schönsten Schweizer Bücher, Bundesamt für Kultur, Bern, 2008, 2007, 2005, 2003; Eidgenössischer Förderpreis für Design, Bundesamt für Kultur, Bern, 2004; Kulturplakat

des Jahres, Bundesamt für Kultur und Allgemeine Plakatgesellschaft, Bern, Zürich, 2004, 2003

Lex Trüb

Shows / Ausstellungen: «Work from Mars», Biennale of Grafic Design, Brno (CZ), 2006; «Cool School», Academy of Arts Architecture and Design, Prag (CZ), 2005; «Signes quotidiens», Centre Culturel Suisse, Paris (F), 2005; «Swiss Design 2004 – Innovation», Museum Bellerive, Zürich, 2004
Publiziert in «Area 2. 100 graphic designers, 10 curators, 10 design classics», Phaidon, 2008; «Swiss Design 2004 – Innovation», Hrsg. Bundesamt für Kultur, Lars Müller Publishers, 2004

Tschichold Jan
*1902, Leipzig (D)
†1974, Berzona
Buchkünstler, Typograf und Grafiker
Jan Tschichold hatte durch seine theoretischen Arbeiten massgebenden Einfluss auf die zeitgenössische Buchkunst und Typografie. Aus seiner Werkstatt stammen u. a. die Druckschriften Saskia (1931) und Sabon (1964).
Werke: Die neue Typographie (1928); Typographische Gestaltung (1935); Geschichte der Schrift in Bildern (1941); Meisterbuch der Schrift (1952); Erfreuliche Drucksachen durch gute Typographie (1960); Ausgewählte Aufsätze über Fragen der Gestalt des Buches und der Typographie (1975). Herausgeber: Schatzkammer der Schreibkunst. Meisterwerke der Kalligraphie aus 4 Jahrhunderten (1945).
Sekundärliteratur: W. Klemke: Leben u. Werk des Typographen Jan Tschichold, 1988; R. McLean: Jan Tschichold. A life in typographie, 1999. *(B)*

Turrell James → ☐
*1943, Los Angeles (USA)
Artiste, psychologue et mathématicien américain

Turrell revendique pour sa démarche une double appartenance à la culture scientifique et technique et à la culture atlantique et pacifique. Son médium de prédilection est la lumière.
En 1983, il fait l'achat d'un cratère volcanique dans le désert de l'Arizona (Roden Crater), qu'il transforme peu à peu en un gigantesque observatoire astronomique. *(W)*
Idéal d'Olivier Pasqual
→ *125 Lex Trüb*

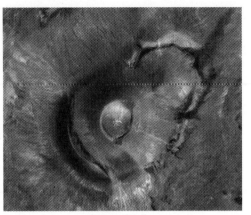

James Turrell
Image satellite de Roden Crater

Typografie
Der Begriff *Typografie* oder *Typographie* (griech. *typographía*, von *týpos* Schlag, Abdruck, Figur, Typ und -grafie) lässt sich auf mehrere Bereiche anwenden. Im weiteren Sinne bezieht sich die Typografie auf die Kunst des Druckens, besonders des Hochdrucks. In der Medientheorie steht Typografie für gedruckte Schrift in Abgrenzung zu Handschrift (*Chirografie*) und elektronischen sowie nicht literalen Text. Vorrangig gilt die Typografie heute jedoch als Gestaltungsprozess, der mittels Schrift, Bildern, Linien, Flächen und typografischem Raum auf Druckwerke und elektronische Medien angewendet wird. Typografie umfasst nur die Gestaltung eines Layouts und den Entwurf von Schriften. Vielmehr kann man den Begriff bis zur richtigen Auswahl des Papiers oder des Einbands ausweiten. *(W)*
→ *90 Aude Lehmann*
→ *113 Prill & Vieceli*

Typografisches Detail
Schrift hat verschiedene Aufgaben zu erfüllen: Die Titelzeile in einem Inserat, die Headline auf einem Plakat haben eine andere Funktion als der Mengensatz in einem Buch. Das eine Mal geht es um das Bild, um den auffälligen «eye-catcher», das andere Mal um die nicht oder nur vom Fachmann bewusst wahrgenommene Schrift. Damit

deren Rezeption durch den Leser optimal sei, sind vom Druckschriftenentwerfer und vom Typografen einige Grundsätze zu beachten, die zur Detail- oder Mikrotypografie gehören und die folgende Einheiten umfassen: Buchstabe, Buchstabenabstand / Wort, Wortabstand / Zeile, Zeilenabstand / Kolumne. *(Lit: Jost Hochuli, 1993, S. 12)*
→ *125 Lex Trüb*

Typographie
La *typographie* est l'art d'assembler des caractères mobiles afin de créer des mots et des phrases. Cette technique d'imprimerie a été mise au point vers 1440 par Gutenberg qui n'a pas inventé l'imprimerie à caractères mobiles mais les caractères en plomb.
Les caractères typographiques sont réunis en familles (romain, à empattements, fantaisie, etc.) puis en polices (Arial, Garamond, Times, Helvetica, etc.) puis en fontes (corps, gras, italique, etc.).
L'utilisation des caractères typographiques dans un but artistique est ancienne; elle a été renouvelée au xxᵉ siècle par le graphisme. *(W)*
→ *78 Nicolas Eigenheer*

U

Uetliberg → ☐
869 m ü. M.
ZH
Der *Uetliberg* oder *Üetliberg* (ausgesprochen Ü-etliberg) ist der Hausberg von Zürich und ein beliebtes Naherholungsgebiet. *(W)*
Lieblingsberg von Dimitri de Perrot

Ufficio federale della cultura
L'Ufficio federale della cultura (UFC) promuove la vita culturale nella sua varietà e crea le

condizioni per il suo ulteriore sviluppo indipendente.
Sostiene la produzione artistica nella cinematografia, nelle arti visive e nel design. Tra i suoi svariati compiti figurano il sostegno e la promozione della formazione dei giovani svizzeri all'estero e degli interessi delle differenti comunità linguistiche e culturali. L'UFC si occupa della tutela del patrimonio culturale, sostenendo la protezione dei monumenti storici e l'archeologia. Gestisce prestigiose collezioni, biblioteche, archivi, musei e formula la politica culturale della Confederazione.
L'UFC è ripartito in tre settori: Promozione della cultura, Biblioteca nazionale svizzera e Museo nazionale svizzero. L'UFC fa parte del Dipartimento federale dell'interno. *(www.bak.admin.ch)*
→ *Concorso federale di design*
→ *Concorso «I più bei libri svizzeri»*

UFO
UFO ist ein Akronym für engl. *Unidentified Flying Object* (Unidentifiziertes Flugobjekt). Der Begriff bezeichnet Lichtphänomene, Lichtkugeln oder Flugobjekte am Himmel (teilweise auch in Bodennähe), die sich – nach eingehender Untersuchung durch staatliche UFO-Untersuchungskommissionen (zum Beispiel *Project Blue Book*) oder Ufologen – einer natürlichen oder konventionellen Erklärung entziehen und so Anlass zu vielerlei Spekulationen gegeben haben. Das Akronym ist eine Wortschöpfung der UFO-Untersuchungskommission (1947 bis 1969) des *Technischen Zentrums des Geheimdienstes der US-Luftwaffe* (engl. *Air Technical Intelligence Center*). Anfang der 1950er-Jahre schlug die Kommission vor, die bis dahin gebräuchlichen Ausdrücke *flying saucer* und *flying disk* zu ersetzen und ein «Objekt, das durch seine Manöver, aerodynamischen Charakteristika oder unübli-

chen Merkmale mit keinerlei gegenwärtig bekanntem Fluggerät oder Raketentyp übereinstimmt oder das in keiner Weise als vertrautes Objekt identifiziert werden kann» als UFO zu bezeichnen. *(W)*
→ *119 Katja Naima Schalcher*
→ *Lou Zinsstag*

Usel Julie **1982*
→ *129,* → ☐
Bijoutière
Vit et travaille à Genève
julie.usel@gmail.com
www.julieusel.net

Julie Usel

Etudes à la Haute école d'arts appliqués de Genève (HEAA);
Le Arti Orafe, Florence (I)
Diplôme en tant que designer HES, bijou-objet et accessoires, 2006
Prix: Prix d'excellence, La Fondation Hans Wilsdorf, Genève, 2006 (décerné pour la réalisation d'un projet professionnel); Prix d'encouragement, FormForum, Lucerne, 2006; 2ème Prix, Concours de dessin de création de bijou pour la main, Parlement Lycéen Européen, Anvers (B), 2003
Expositions: «Talente 2008», Internationale Handwerksmesse München, Munich (D), 2008; «10ème parcours de céramique carougeois. Biennale de la céramique et du verre contemporains», Galerie Annick Zufferey, Genève, 2007; «Jeunesse dorée #1», Espace Solidor, Cagnes-sur-mer (F), 2007; «Les yeux de la nuit», La ville de Genève, Genève,

Uetliberg

2007; «A.P.O.R.T.E.R.», L'espace R de création contemporaine, Genève, 2006; «Diplomarbeiten 2006 der Haute école d'arts appliqués, Bijou», Béatrice Lang – Galerie für Schmuck, Berne, 2006; «Biennale de danse de Lyon 2006», Ville de Lyon, Lyon (F), 2006 (Participation à la réalisation d'accessoires pour le défilé)
Publié dans «De main à main – apprendre et transmettre dans le bijou contemporain européen», Co-édition mudac/5 continents, 2008; «profil femme» n°73, 11/2006; «L'Hebdo» n°38, 9/2006; «Le Temps», 21. 9.2006; «formforum.ch», 3/2006; «formforum.ch», 2/2006

Katsushika Hokusai, La grande vague de Kanagawa (1830–32)

V

Vague → □
Une *vague* est une oscillation de la surface d'un océan, d'une mer ou d'un lac.
Phénomène naturel préféré de Raphaël Von Allmen

Vanil Noir
2389 m
FR/VD
Plus haut sommet du canton de Fribourg.
Montagne préférée de Cédric Decroux

Verzasca → □
2864 m – 210 m
TI
La *Verzasca* è un fiume che scorre nell'omonima valle del Canton Ticino. Il nome deriva dal colore verde dell'acqua (verde acqua). Il fiume è piuttosto pericoloso; tra il 1990 e il 2000 sono morte 35 persone. *(W)*
Fiume preferito di Kiko Gianocca

Victim
"Jeff Koons is a victim, and I hope that everyone is a victim. One must be victimized in order to absorb one's culture and to participate. If people can accept that position they will be able to listen closely to life. Life will be a close-up." *Jeff Koons*
Citation favorite d'Aude Lehmann

Vieceli Alberto **1965*
→ *113*, → □
Grafiker
Lebt und arbeitet in Zürich
a.vieceli@bluewin.ch
www.prill-vieceli.cc
Lehre als Hochbauzeichner
Studium an der Hochschule für Gestaltung und Kunst Zürich (HGKZ)
Abschluss/Diplom als Grafiker, 1992
Praktikum bei Daniel Volkart,

Alberto Vieceli

Zürich, 1990
Arbeitet auch mit Tania Prill unter dem Label «Prill & Vieceli»
Preise/Auszeichnungen: Bronzemedaille, Schönste Bücher aus aller Welt, Stiftung Buchkunst, Leipzig (D), 2008; Die schönsten Schweizer Bücher, Bundesamt für Kultur, Bern, 2008, 2007, 2006, 2005, 2003, 2000, 1998; red dot award, red dot GmbH, Essen (D), 2007; Eidgenössischer Förderpreis für Design, Bundesamt für Kultur, Bern, 2007; Jan-Tschichold-Preis, Bundesamt für Kultur, Bern, 2007; Leistungspreis, Hochschule für Gestaltung und Kunst Zürich, Zürich, 2006
Shows/Ausstellungen: «Aktuelle Zürcher Grafik», Soda Magazin, Chaumont (F), 2008;

«Bourses fédérales de design 2007», Musée de design et d'arts appliqués contemporains, Lausanne, 2007; «Leistungspreis», Hochschule für Gestaltung und Kunst Zürich, Zürich, 2006; «Spielwitz und Klarheit, Schweizer Architektur, Grafik und Design 1950–2006», Kornhausforum, Bern, 2006; «++41/1 – Kulturelle Grafik aus Zürich», Fachhochschule für Gestaltung Schwäbisch Gmünd, Schwäbisch Gmünd (D), 2004; «Die 100 besten Plakate 2002. Deutschland, Österreich, Schweiz», 100 Beste Plakate e.V., Berlin (D), Luzern, Singapur (C), Wien (A), 2002
Publiziert in «Die schönsten Schweizer Bücher», Hrsg. Bundesamt für Kultur, 2007, «Altitude. Contemporary Swiss Graphic Design», Die Gestalten Verlag, 2007; «IDEA» Nr. 316, 2006; «Look at This. Contemporary brochures, catalogues & documents», Laurence King Publishing, 2006; «Beauty and the book. 60 Jahre 'Die schönsten Schweizer Bücher'», Hrsg. Bundesamt für Kultur, Verlag Niggli, 2004; «Area. 100 graphic designers, 10 curators, 10 design classics», Phaidon, 2003

Vierwaldstättersee → □
UR/SZ/LU/OW/NW
434 m ü. M.
113,72 km²
Seinen Namen hat der *Vierwaldstättersee* von den vier hier angrenzenden Waldstätten: den Kantonen Uri, Unterwalden, Schwyz und Luzern. *(W)*
Lieblingsgewässer von Joy Ahoulou

Visuelle Kommunikation
Visuelle Kommunikation ist ein Begriff, der seit dem Ende der sechziger Jahre zuerst in der Kunstpädagogik für die Bereich der bildenden Kunst, durch die Einbeziehung der Bildwelten der Popkultur und

Alltagskultur, sowie durch die Architektur und insbesondere die Urbanistik erweitert wurde, Verwendung fand. Der Begriff der Visuellen Kommunikation geht ursprünglich auf Ignatius von Loyola zurück, der damit die bildliche Innengestaltung – ins Bild gesetzte Szenen aus der Bibel – der Kirchen bezeichnete. Zur Visuellen Kommunikation gehören auch die Bildwelten der Werbung. Heutzutage wird

Barbara Vlachos

der Begriff Visuelle Kommunikation daher oft synonym zum *Kommunikationsdesign* gebraucht. *(W)*
→ *113 Prill & Vieceli*
→ *136 Lukas Zimmer*

Visueller Gestalter
→ *136 Lukas Zimmer*
→ *Designer*
→ *Grafiker*
→ *Gestaltung*
→ *Typografie*
→ *Visuelle Kommunikation*

Vlachos Barbara → □
Administration
Dienst Design 2007
Bundesamt für Kultur
Bern
→ *Patrizia Crivelli*
→ *Mirjam Fischer*
→ *Yvonne Fuhrer*
→ *Eduard Hartmann*
→ *Aurelia Müller*

Voir
Qui vivra verra.
Proverbe favori de Jean-Philippe Bonzon

Verzasca

Vierwaldstättersee

Von Allmen Raphaël **1983*
→ *133*, → □
Designer de produits
Vit et travaille à Neuchâtel
raphael.vonallmen@gmail. com
www.raphaelvonallmen.com
Etudes à l'Ecole cantonale d'art de Lausanne (ECAL)
Diplôme en tant que designer HES, design industriel, 2007
Stages chez «Christophe Marchand Design», Zurich, 2006; «Multiple Design SA», La Chaux-de-Fonds, 2004
Prix: 1er Prix, [d³] contest, imm cologne, Cologne (D), 2008
Expositions: «ECAL Design»,

Centre Culturel Suisse, Milan (I), 2008; «belle-vue jeunes designers suisses», Espace lausannois d'art contemporain, Lausanne, 2008; «[d³] contest. The young Designers competition», imm cologne, Cologne (D), 2008; «belle vue – Junges Schweizer Design», Vienna Design Week, Vienne (A), 2007; «ArtGare», Genève, Lausanne, Neuchâtel, Renens, 2007; «Souvenirs of America», imm cologne, Cologne (D), 2006; «Souvenirs of America», Musée de design et d'arts appliqués contemporains, Lausanne, 2005; «Souvenirs of America», The Vitra Store, New York (USA), 2005

Raphaël Von Allmen

W

Wälchli Tan
*1974, Zürich
Studierte Germanistik, Geschichte und Anglistik in Zürich und promovierte 2006 mit einer Studie über «Freud als Leser». Daneben u. a. tätig für das Zürcher Kulturzentrum Rote Fabrik, als freier Journalist, als Assistent am Englischen Seminar der Universität Zürich sowie als Herausgeber von Kunstpublikationen. *(www.zhdk.ch)*
→ *90 Aude Lehmann*
→ *Whyart*

Wandern
Als erster historisch dokumentierter «zweckfreier» *Wanderer* gilt der Italiener Francesco Petrarca → ☐, der 1336 mit seinem Bruder den Mont Ventoux bestieg. Über viele Jahrhunderte nach ihm sind nur wenige weitere Wanderungen dieser Art dokumentiert. Erst mit der Aufklärung, namentlich mit Albrecht von Hallers Gedicht *Die Alpen* (1729) und Jean-Jacques Rousseaus *Julie ou la Nouvelle Héloïse* (1761), kam beim Bildungsbürgertum eine neue Naturbegeisterung auf. *(W)*
Lieblingssport von Tania Prill

Web browser
A *Web browser* is a software application which enables a user to display and interact with text, images, videos, music and other information typically located on a Web page at a website on the World Wide Web or a local area network. Text and images on a Web page can contain hyperlinks to other Web pages at the same or different website. Web browsers allow a user to quickly and easily access information provided on many Web pages at many websites by traversing these links. Web browsers format HTML information for display, so the appearance of a Web page may differ between browsers.
Some of the Web browsers currently available for personal computers include Internet Explorer, Mozilla Firefox, Safari, Opera, Flock and AOL Explorer. Web browsers are the most commonly used type of HTTP user agent. Although browsers are typically used to access the World Wide Web, they can also be used to access information provided by Web servers in private networks or content in file systems. *(W)*
→ *136 Lukas Zimmer*
→ *Mozilla Firefox*

Wettbewerb «Die schönsten Schweizer Bücher»
Seit 1999 führt das Bundesamt für Kultur den jährlich stattfindenden Wettbewerb «Die schönsten Schweizer Bücher» durch. Der Wettbewerb steht unter dem Patronat des *Buchverlegerverbands der deutschsprachigen und rätoromanischen Schweiz* (VVDS), der *Association Suisse des éditeurs de langue française* (ASELF) sowie der

Francesco Petrarca, Altichiero da Zevio (ca. 1380)

Società editori della Svizzera italiana (SESI). Eine fünf Mitglieder zählende Jury wählt die prämierten Bücher nach gestalterischen Kriterien aus. Prämierte Bücher erhalten eine Ehrenauszeichnung und werden in einem Katalog sowie mit zwei Ausstellungen gewürdigt: im Museum für Gestaltung Zürich und im mudac (Musée de design et d'arts appliqués contemporains) Lausanne.
Ziel des Wettbewerbs ist es, die Buchgestaltung in der Schweiz zu fördern und einer breiten Öffentlichkeit zugänglich zu machen. Angesprochen sind alle an der Buchgestaltung beteiligten Kreise. Die Wettbewerbseingabe muss jedoch durch die Gestalterin oder den Gestalter, den Verlag oder die Druckerei erfolgen. Mindestens eine dieser drei beteiligten Parteien muss in der Schweiz tätig sein.
Die Jurierung findet jeweils im Januar statt.
Das Anmeldeformular für die Teilnahme am Wettbewerb kann jeweils ab Oktober via E-Mail beim Bundesamt für Kultur, Sektion Kunst und Design angefordert oder direkt vom Internet heruntergeladen werden. *(www.bak.admin.ch)*
→ *ch.books@bak.admin.ch*
→ *«Die schönsten schweizer Bücher», Hallwylstrasse 15, 3003 Bern*

Wetter → ☐
Als *Wetter* (v. althochdt. *wetar*, Wind, Wehen) bezeichnet man den spürbaren, kurzfristigen Zustand der Atmosphäre (auch: messbarer Zustand der Troposphäre) an einem bestimmten Ort der Erdoberfläche, der unter

anderem als Sonnenschein, Bewölkung, Regen, Wind, Hitze und Kälte in Erscheinung tritt. *(W)*
→ *Regen*
→ *Schnee*
Lieblingsnaturphänomen von Dimitri de Perrot

Wetter

Panorama vom Wetterhorn

Wetterhorn → ☐
3692 m ü. M.
BE
Von 1908 bis 1915 war am Fuss des *Wetterhorns* die erste personenbefördernde Luftseilbahn der Welt in Betrieb: der Wetterhorn-Aufzug.
Lieblingsberg von Tania Prill

Whyart
Whyart ist ein dreiteiliges Kunstbuchprojekt von Aude Lehmann und Tan Wälchli. Das Projekt verfolgt das Ziel, drei Begriffe, die im gegenwärtigen Kunstdiskurs häufig, jedoch nicht trennscharf verwendet werden, theoretisch präzise zu bestimmen: Aura, Glamour und Mode. Bereits erschienen sind die ersten beiden Bände: «Aura» (2004) und «Glamour» (2005).
→ *90 Aude Lehmann*
→ *Tan Wälchli*

Willen David
*1968, Bern
Fotograf
Lebt und arbeitet in Zürich
Die Bilder von David Willen eröffnen dem neue Perspektiven, der den nötigen Weitblick

zeigt. Mit dem Mittel der klassischen Fotografie entdeckt er neue Horizonte und erkundet die Grenzen der Wahrnehmung. Faszination entsteht, weil diese Bilder immer gleich – und immer anders sind.

Repetitiv ist einzig der Blickwinkel: Alle Aufnahmen entstehen in einer exakt vermessenen Zentralperspektive. *(www.davidwillen.com)*
→ *113 Prill & Vieceli*

Cornel Windlin

Windlin Cornel → ☐
Mitglied der Eidgenössischen Designkommission
Jury-Präsident des Wettbewerbs «Die schönsten Schweizer Bücher»
Grafiker und Typograf
Zürich

Winzerin
Vinum bonum laetificat cor ho-

minum. *(Ein guter Wein erfreut des Menschen Herz.)*
        Traumberuf von Tania Prill

X

Xenarthra
Le super-ordre des *xénarthres (Xenarthra)* est un groupe de mammifères placentaires (infra-classe des euthériens), présents de nos jours uniquement en Amérique.

Il comprend les fourmiliers, les paresseux → ☐ et les tatous. Au XIXe siècle, ces familles formaient avec les pangolins et l'oryctérope, l'ordre des édentés (qui n'ont pas de dents, car les membres de cet ordre ne possédaient ni incisive ni molaire, ou n'avaient que des molaires très peu développées). On s'aperçut par la suite que l'ordre *Edentata* était polyphylétique, c'est-à-dire qu'il contenait des familles sans rapport entre elles et était invalidée par la cladistique. Les oryctéropes et les pangolins occupent aujourd'hui chacun un ordre respectif, et un nouvel ordre fut érigé pour regrouper les familles restantes (qui sont toutes apparentées).

Le mot *xénarthres* signifie «étrange articulations», et a été choisi à cause de leurs articulations intervertébrales inhabituelles chez les autres mammifères euthériens. *(W)*
        Une famille d'animaux dont le nom commence par «X»!
        Idéal absolu des graphistes de ce catalogue

Y

Yoga
Geistige und körperliche Übungen wie Yama, Niyama, Asanas, Pranayama, Pratyahara, Kriyas, Meditation oder Askese. *(W)*
        Lieblingssport von Martin Zimmermann

Z

Zelic Erika → ☐
Mitglied der Eidgenössischen Designkommission
Textildesignerin und Besitzerin des Modeladens «Maud» Zürich

Zimmer Lukas *1980
→ 136, → ☐
Visueller Gestalter
Lebt in Zürich, arbeitet in Amsterdam (NL) und Zürich
lukaszimmer@hotmail.com

Paresseux à trois doigts

www.lukaszimmer.com
Studien an der Gerrit Rietveld Academie, Amsterdam (NL); Hochschule für Gestaltung und Kunst Luzern (HGK Luzern)
Abschluss / Diplom als Designer FH, Studienbereich Visuelle Kommunikation, 2007
Praktikum bei «Prill & Vieceli», Zürich, 2006
Arbeitet auch mit Johanna Bayerlein; Forschung Hochschule der Künste Bern
Preise / Auszeichnungen: Albert Klijn Prize, Gerrit Rietveld Academie, Amsterdam (NL), 2007; Berlage Fund, Gerrit Rietveld Academie, Amsterdam (NL) 2007
Shows / Ausstellungen: «Playtime»,

Lukas Zimmer

Erika Zelic

Stedelijk Museum, Amsterdam (NL), 2006; «The total library», Punt WG, Amsterdam (NL), 2006

Zimmermann Martin *1970
→ 139, → ☐
Choreograf
Lebt und arbeitet in Zürich
mail@martinzimmermann.com
www.zimmermanndeperrot.com

Martin Zimmermann

Lehre als Dekorationsgestalter
Studium an der Centre National des Arts du Cirque (CNAC), Châlons-en-Champagne (F)
Arbeitet auch mit Dimitri de Perrot unter dem Label «Zimmermann & de Perrot»
Preis / Auszeichnung: Schweizer Innovationspreis, Vereinigung KünstlerInnen – Theater – VeranstalterInnen Schweiz, Biel, 2008 (für «Gaff Aff»)
Theaterstücke: «Gaff Aff», 2006; «Anatomie Anomalie», 2005 (für die Compagnie Anomalie); «Janei», 2004; «Hoi», 2001; «Gopf», 1999 (im Kollektiv Metzger / Zimmermann / de Perrot)
Tournee mit dem Theaterstück «Gaff Aff»: Centre Dramatique National, Paris (F), 2008; Centro Cultural de Be-

lém, Lissabon (P), 2008; Scène Nationale à Marseille, Marseille (F), 2008; Théâtre National de Nice, Nizza (F), 2008; De Singel, Antwerpen (B), 2007; London International Mime Festival, London (GB), 2007; Teatro Central, Sevilla (E), 2007; Theater Chur, Chur 2007; Theaterhaus Gessnerallee, Zürcher Theaterspektakel, Zürich, 2007; Théâtre Vidy-Lausanne, Lausanne, 2006
Publiziert in «Télérama», 13.10. 2007; «Neue Zürcher Zeitung», 16.6.2007; «Tages Anzeiger», 13.6.2007; «Sonntagszeitung», 15.4.2007; «NZZ am Sonntag», 11.3. 2007; «Pariscope», 20.12.2006; «ELLE», 18.12.2006; «Libération», 9.12. 2006; «Le Temps», 25.10. 2006

Zinsstag Lou
*1905, †1984, Basel
UFO-Forscherin
In der Universitätsbibliothek Basel liegt das Erbe von Lou Zinsstag zur Ansicht bereit. Hunderte von Zeitungsmeldungen, Notizen, Fotos, Materialien zum Werk und Publikationen über UFOs.
        → 119 Katja Naima Schalcher
        → www.ub.unibas.ch

Zvonimir
        Deuxième prénom de Nicolas Eigenheer

Textquellen
Origines des textes
Text sources
(W) Wikipedia
(B) Brockhaus. Leipzig,
Mannheim: F.A. Brock-
haus 2005–2007.
(GDEL) Grand dictionnaire
encyclopédique Larousse:
GDEL. Paris: Larousse,
1982.

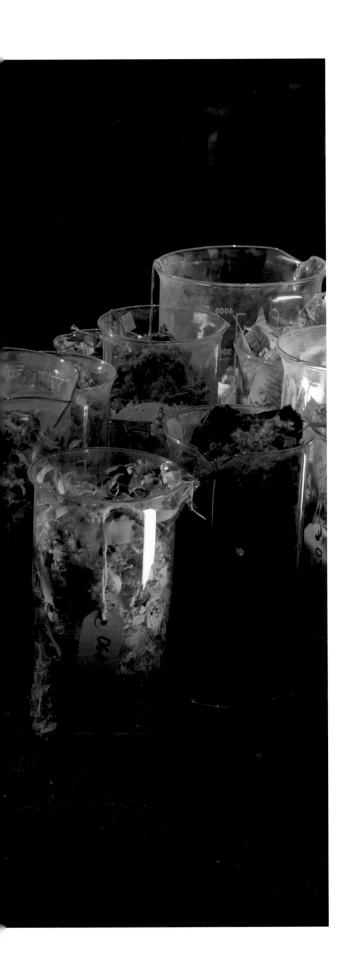

↗🔲

Zimmermann & de Perrot
Gaff Aff
Ein Bühnenbild
→ 139

A–F

Tafeln
Planches
Boards

1.
JoyBoy A/W 08/09
JoyBoy S/S 08

2a.   2b.   2c.

2d.   2e.   2f.

2.
JoyBoy A/W 08/09
Lookbook
Photoboy: Nick Widmer
Layoutboy: Urs Lehni
Printgirl: Monika Stalder

3.
JoyBoy S/S 08
Lookbook
Photoboy: Nick Widmer
Layoutboy: Urs Lehni

3a.

3b.

Was wurde prämiert?
JoyBoy A/W 08/09 und JoyBoy S/S 08
Zwei Kollektionen bestehend
aus neun Outfits
Diplomarbeit, Vordiplom
2007–2008

Bunt, wild, farbenfroh — Joy Ahoulou wurde für sein Vordiplom und für seine Diplomarbeit, die Männerkollektionen «JOY BOY S/S 08» und «A/W 08/09» (2007 und 2008), ausgezeichnet. «JOY BOY» ist Ahoulous Label → 43 und seine zweite Kollektion → 42.

Lookbooks und Kollektionen sind aus einem Guss und überzeugen als jeweilige Gesamtpräsentation durch ihre Stimmigkeit und Ausdruckskraft. Die Kollektionen stehen in diesem Sinne nicht ‹allein›, sondern wer-

Bariolé, sauvage, coloré — Joy Ahoulou a été distingué pour son diplôme intermédiaire et son travail de diplôme, les collections pour hommes «JOY BOY S/S 08» et «A/W 08/09» (2007 et 2008). «JOY BOY» est le label d'Ahoulou, et sa deuxième collection.

Ses lookbooks et ses collections sont d'une seule coulée; ils sont convaincants parce qu'ils constituent deux ensembles cohérents, et d'une réelle force expressive. En ce sens, on peut dire que ces collections ne sont pas «seules», mais

Joyful, wild and colourful — Joy Ahoulou was honoured for his pre-diploma and his diploma work, the men's collections "JOY BOY S/S 08" and "A/W 08/09" (2007 and 2008). "JOY BOY" is Aholou's label and his second collection.

Look books and collections are of a piece, persuasive as an overall presentation in their coherence and expressiveness. In this sense, the collections are not "alone" but are accompanied and invigorated by the design and particularly the photography of the look books.

71

Ahoulou Joy → 30

4a.

4b.

4.
Pullover, Modell 2001
100 % Baumwolle

5a.

5.
Polo Shirt, Modell 3002c
97 % Baumwolle
3 % Lycra

5b.

d.

f.

e.

den durch die Gestaltung und insbesondere durch die Fotografie der Lookbooks begleitet und gestärkt.

Bunt, wild, farbenfroh, frisch, zeitgenössisch und aussergewöhnlich. Schlagwörter, welche einem auf Anhieb in den Sinn kommen, wenn man die Kleidungsstücke von Joy Ahoulou vor sich hat. Ausgehend von seinem Idealbild eines jungen Mannes an der Schwelle zum Erwachsenwerden, hat der Modedesigner Kleider für Männer entworfen, welche

accompagnées et renforcées par la qualité de leur présentation, en particulier par les photographies du lookbook.

Bariolé, sauvage, coloré, frais, contemporain, sortant de l'ordinaire: autant de mots qui viennent d'emblée à l'esprit quand on est en présence des créations vestimentaires de Joy Ahoulou. Partant de l'image idéale qu'il se fait d'un adolescent au seuil de l'âge adulte, ce designer de mode a imaginé des vêtements pour homme qui font leur part à l'hédonisme

Joyful, wild, colourful, cool, contemporary and exceptional are keywords that come to mind on seeing Joy Ahoulou's clothes. Based on his ideal of a young man on the verge of becoming an adult, the fashion designer designed clothes for men who on the one hand indulge in hedonism and in the delight of their own body, but who are on the other hand also affected by a certain childish naïveté. A condition lovingly ironized by Joy Ahoulou when he slightly modifies classics such as for ex-

6a.

6.
Daunenjacke, Modell 1001
Oberstoff: Leder
Futter: 100 % Baumwolle
Daunen

6b.

7a.

7b.

7.
Shorts, Modell 2007
100 % Polyester

d.

einerseits dem Hedonismus → 40 *und der Freude am eigenen Körper frönen, andererseits aber auch von einer gewissen kindlichen Naivität geprägt sind. Ein Zustand, den Joy Ahoulou jedoch liebevoll ironisiert, wenn er Klassiker wie beispielsweise das Polo-shirt leicht verfremdet* (Abb. 5.), *die Bomber-jacke neu zusammensetzt* (Abb. 6.) *oder im Ensemble aus Hose und Jacke* (Abb. 8., 9.), *gefertigt aus dem Stoff mit den Prints von Monika Stalder, Affen und Vögel aus dem*

f.

et à la joie du corps, mais qui par ailleurs sont marqués au sceau d'une certaine naïveté enfantine. Une situation sur laquelle Joy Ahoulou, cependant, ironise avec tendresse, quand il donne des classiques, par exemple le polo, une version légèrement distanciée (ill. 5.); *quand il recompose à neuf le blouson bom-bardier* (ill. 6.); *ou encore lorsque, pour l'en-semble pantalon et veste* (ill. 8., 9.) *fabriqué dans un tissu que décorent les imprimés de Monika Stalder, il fait surgir de la jungle des*

e.

ample the polo shirt (fig. 5.), *reassembles the bomber jacket* (fig. 6.) *or lets monkeys and birds peek through the jungle in the ensemble of trousers and jacket* (fig. 8., 9.) *made out of fabric with prints by Monika Stalder.*

The photos in the look book excellently express the dichotomy between self-confident action and naïve desire. The young men emanate a peculiar mixture of being lost, un-comfortable and self-confident. With his col-lection, Ahoulou has managed to capture

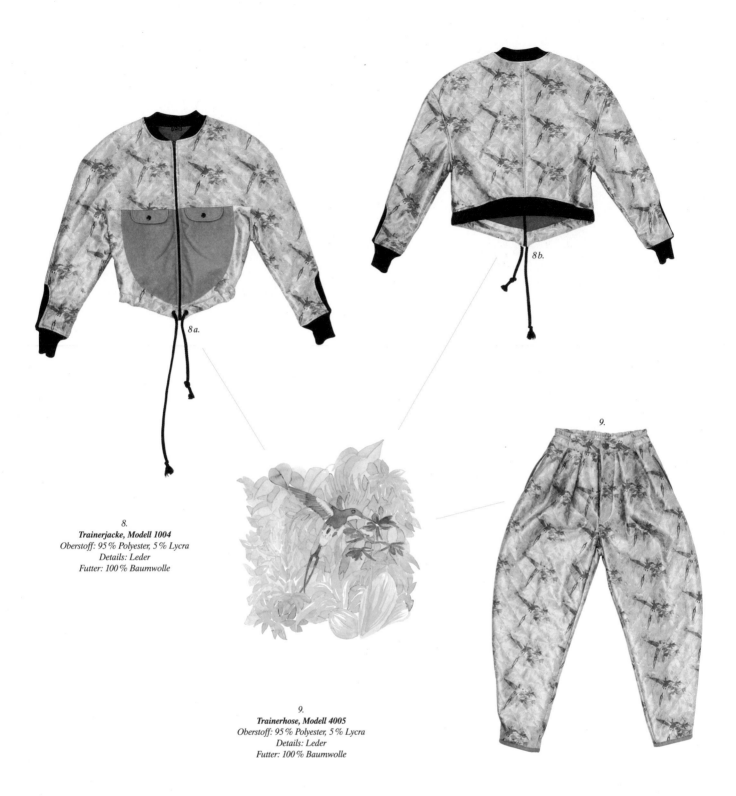

8.
Trainerjacke, Modell 1004
Oberstoff: 95 % Polyester, 5 % Lycra
Details: Leder
Futter: 100 % Baumwolle

8a.

8b.

9.

9.
Trainerhose, Modell 4005
Oberstoff: 95 % Polyester, 5 % Lycra
Details: Leder
Futter: 100 % Baumwolle

d.

Dschungel hervorlugen lässt. In den Fotografien des Lookbooks kommt der Zwiespalt
zwischen selbstbewusstem Handeln und na-
ivem Begehren sehr gut zum Ausdruck. Die
jungen Männer strahlen eine eigenartige Mi-
schung aus Verlorenheit, Unwohlsein und
Selbstbewusstsein aus.

 Ahoulou ist es gelungen, mit seiner Kollektion genau diese Gefühle einzufangen
und durch seine Kleidungsstücke sichtbar zu
machen. PC

f.

singes et des oiseaux. Les photographies du
lookbook manifestent très clairement une
dualité, entre la sûreté du métier et la naïveté
du désir. Ce qui irradie de ces jeunes hommes, c'est une association singulière de caractéristiques: ils sont à la fois perdus, mal à
l'aise, et pleins d'assurance.

 Ahoulou a réussi, avec sa collection, à
capter exactement ces états d'âme, et à les rendre perceptibles dans ses vêtements. PC

e.

exactly these feelings and make them visible
through his clothes. PC

10.
Modular Racks Staple
Bois de chêne
PMMA, acier

10 a.

10 b.

Qu'est-ce qui a été primé?
Modular Racks Staple
Une bibliothèque
Travail de diplôme
2008

Funktionale Lösungen mit augenzwinkern-dem Humor — *Unter dem Titel «Modular Racks Staple» präsentierte Jean-Philippe Bonzon am Eidgenössischen Wettbewerb für Design seine jüngste Kreation, die im Rahmen der Diplomarbeit an der ECAL im Jahre 2007 entstanden ist. Es handelt sich dabei um ein Gestellsystem, das sich an Baugerüsten orientiert: Es kommt gänzlich ohne Nägel, Schrauben oder Leim aus (Abb. 10.). Der feste Zusammenhalt der Konstruktion wird durch Metallklammern ermöglicht. Die Struktur aus Eichenholz, kombiniert mit den milchigen Plexiglasplatten und Stahlhaken, garantiert grösste Stabilität. Die Grundmodule bieten*

Solutions fonctionnelles et clins d'œil pleins d'humour — *Sous le titre «Modular Racks Staple», Jean-Philippe Bonzon présentait, au Concours fédéral de design, sa toute dernière création, réalisée dans le cadre de son travail de diplôme à l'ECAL en 2007. Il s'agit d'un système de châssis inspiré des échafaudages: il se construit entièrement sans clous ni vis ni colle (ill. 10.). La solidarité des différentes pièces de la construction est assurée par des agrafes de métal. La structure en bois de chêne, combinée avec des plaques de plexiglas de couleur opale et des crochets d'acier, garantit la plus grande stabilité. Les modules → 46 de base offrent des possibilités de combinaisons très diverses, et le*

Functional tongue-in-cheek solutions — *Jean-Philippe Bonzon exhibited his latest creation named "Modular Racks Staple" at the Swiss Federal Design Competition; it was developed in 2007 as part of the final-year project at the ECAL. It is a shelf system inspired by scaffolding, requiring no nails, screws or glue (fig. 10.). The structure is stabilised by metal clamps, and stability is further enhanced by its combination of oak wood, milky-plexiglas panels and steel hooks. The basic models offer multiple combinations and the shelf system can be put together, taken apart and rebuilt as and when: an ideal object for office hoppers.*

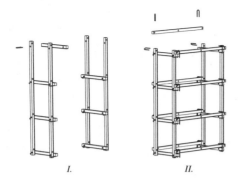

I. II.

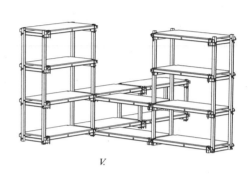

III. IV. V.

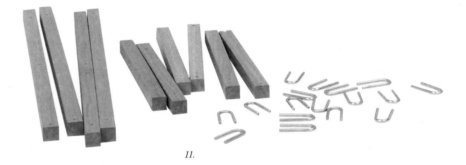

11.
Modular Racks Staple
Variantes et éléments

11.

d.

vielfältige Kombinationsmöglichkeiten und das Gestell kann je nach Bedarf zusammengebaut, wieder auseinander genommen und neu zusammengestellt werden. Ein ideales Objekt für Büronomaden → 31.

Ebenfalls ohne Nägel und Schrauben, aber mit Holzkeilen wird der in Zusammenarbeit mit Fabien Cappello entworfene mini Kinderstuhl «BricOLo» zusammengehalten. Die Kinder können sich ihr Möbel selbst zusammensetzen (Abb. 12.). Inspiriert von traditionellen Holzspielsachen kann anschliessend das Puzzlespiel mit den verbleibenden ausgesägten Formen auf der Sitzfläche beginnen. Der Hammer erinnert for-

f.

châssis peut être assemblé en fonction des besoins, redémonté en pièces détachées et recomposé à neuf. Un objet → 48 idéal pour les nomades de bureau.

C'est aussi sans clous ni vis, mais avec des coins de bois, qu'est assurée la solidité de la petite chaise d'enfant «BricOLo», conçue avec Fabien Cappello. Les enfants peuvent assembler eux-mêmes leur meuble (ill. 12.). Inspiré des jouets de bois traditionnels, un jeu de puzzle peut ensuite commencer avec les formes découpées dans le siège. Le marteau rappelle, dans sa forme, un instrument qui n'est plus nécessaire ici. Cette chaise stimule l'adresse des petits et les prépare dès leur jeu-

e.

The "BricOLo" child's chair, designed with Fabien Cappello, isn't held together by nails and screws either, but by timber wedges. Children can assemble their furniture themselves (fig. 12.). Inspired by traditional wooden toys, they can then get going on the jigsaw puzzle with the remaining jigsawed shapes on the seat. The hammer is a formal reminder of the tools that are not required here. The chair fosters the children's skills in putting together furniture themselves, an early preparation for their future in the age of IKEA.

Jean-Philippe Bonzon has created a wide range of products during his studies, including his boot removal device, a hair slide with bris-

12a.

12b.

12.
BRicOlo
53 x 32 x 34 cm
Bois multiplex

12c.

12d.

d.

mal an das Handwerkzeug, welches hier gar nicht mehr benötigt wird. Der Stuhl fördert das Geschick der Kleinen und bereitet sie schon in jungen Jahren auf das zukünftige Möbel-selbst-Zusammenbauen im Ikea-Zeitalter vor.

Jean-Philippe Bonzon hat bereits eine breite Produktpalette während seiner Studienzeit gefertigt. Dazu zählen etwa der Stiefelauszieher, die Haarspange mit Borsten oder die Lampen aus Kabelbindern. Seine Objekte zeichnen sich besonders durch die Materialwahl und -verwendung sowie durch die funktionalen Lösungen und den augenzwinkernden Humor aus. AM

f.

ne âge à assembler eux-mêmes leurs meubles, comme il se doit à l'ère d'Ikea.

Jean-Philippe Bonzon a déjà réalisé une large palette de produits pendant ses années d'études. Parmi eux, on compte par exemple le tire-botte, la pince à cheveux avec poils, ou des lampes réalisées à l'aide de serre-câbles. Ses objets se distinguent particulièrement par le choix et l'usage du matériau → Matérialité, par leurs solutions fonctionnelles et par leurs clins d'œil pleins d'humour. AM

e.

tles or the lamps made of cable binders. His objects stand out because of the choice and use of materials as well as his functional solutions with their tongue-in-cheek humour. AM

14.

15.

16.

Qu'est-ce qui a été primé?
Tailor Cuts
*Trois fontes et trois livres
2007–2008*

Vente
www.optimo.ch

Charaktervolle Schriftentwürfe — Die Arbeit «Tailor Cuts» besteht aus drei Künstlerbüchern, die der Grafiker Nicolas Eigenheer gestaltete und für die er jeweils eine zum Inhalt passende Schrift entwickelte (Abb. 13.).

Das grossformatige Buch «Jim Shaw. Distorted Faces & Portraits» zeigt formatfüllende Close-up Graphite und Airbrush Porträts. Die Zeichnungen werden in Realgrösse und randabfallend wiedergegeben und springen einem beim Betrachten des Buches förmlich entgegen (Abb. 17.). Für den Schriftentwurf liess sich

Des écritures qui ont du caractère — Le travail «Tailor Cuts» consiste en trois livres d'artistes, réalisés par le graphiste Nicolas Eigenheer qui, pour chacun d'entre eux, a développé une police de caractères adaptée au contenu (ill. 13.).

Le livre de grand format «Jim Shaw. Distorted Faces & Portraits» présente des portraits en pleine page et en gros plans, réalisés au graphite et à l'aérographe. Les dessins, restitués grandeur nature, occupent toute la surface de la page, et l'on peut vraiment dire qu'ils

Font designs full of character — The work "Tailor Cuts" consists of three artist books designed by graphic designer Nicolas Eigenheer, for each of which he developed a font consistent with the contents (fig. 13.).

The large-format book "Jim Shaw → 53. Distorted Faces & Portraits" shows format-filling close-up graphite works and airbrush portraits. The drawings are presented in life size and bled off, and when looking at the book, they really seem to jump out at you (fig. 17.). When designing the font, Nicolas

17a.

17.
**Jim Shaw: Distorted Faces
& Portraits 1978–2007**
*40 x 30 cm, 96 pages
ISBN: 978-3-905701-13-5
Edition limitée*

17b.

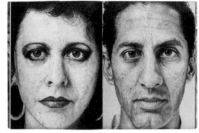

17c.

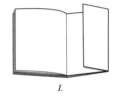

I.

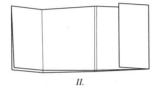

II.

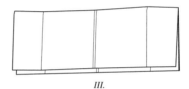

III.

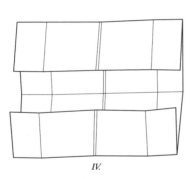

IV.

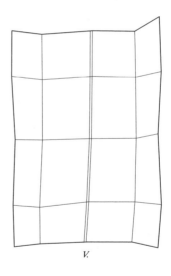

V.

*I.–V.
Affiche pliée en jaquette
135 x 95 cm*

d.

f.

e.

Nicolas Eigenheer von der deutschen Schriftgiesserei «Bauer» inspirieren und entwickelte die «Material» (Abb. 14.). Klar geschnitten, etwas rau, mit auffälligen Serifen, erzeugt sie ein direktes und klares Bild und unterstreicht den eigenwilligen Buchcharakter. Im Gegensatz dazu entwarf Nicolas Eigenheer für die Publikation «Carsten Nicolai» die Schrift «Px-Grotesk», die aufstrebend, schlicht, abgerundet und klar auftritt (Abb. 15.). Sie passt mit dem kühlen, technologischen Charakter zu den Hochglanz-Farbfotografien und Labor-

sautent au visage de celui qui les regarde (ill. 17.). Pour son projet de police de caractères, Nicolas Eigenheer s'est inspiré de la fonderie allemande «Bauer», et il a développé la «Material» (ill. 14.). Clairement découpée, un peu rude, avec des sérifs très marqués, elle donne une image directe et claire, et souligne le caractère puissamment original du livre. En contraste avec ce choix, Nicolas Eigenheer a conçu, pour la publication «Carsten Nicolai», l'écriture «Px-Grotesk», qui apparaît ambitieuse, sobre, arrondie et claire

Eigenheer was inspired by the German "Bauer" type foundry and developed the "Material" (fig. 14.). Clearly cut, somewhat coarse and with striking serifs it creates a direct and clear image and underlines the peculiar character of the book. In contrast with this, Nicolas Eigenheer designed the font "Px-Grotesk" for the "Carsten Nicolai" → 47 publication: it is upward-thrusting, simple, rounded and clear (fig. 15.). Its cool, technological character matches the high-gloss colour photos and lab documentation of German artist Carsten

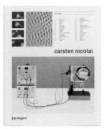

18.
Carsten Nicolai: Static fades
28,6 x 23,8 cm, 160 pages
ISBN: 978-3-905770-63-6

18 a. *18 b.*

18 c. *18 d.*

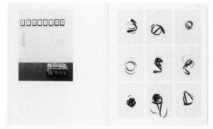

18 e. *18 f.* *18 g.*

18 h.

d.

dokumentationen der Untersuchungen des deutschen Künstlers Carsten Nicolai, der sich im Feld von Wissenschaft, Kunst und Klang bewegt (Abb. 18.).

Das Künstlerbuch «Ari Marcopoulos: The Chance is Higher» zeigt Fotokopien von persönlichen Fotografien, die der Künstler in einer Zeitspanne von 30 Jahren realisiert hat. Die hierfür kreierte Schrift «Sonoma» → 54 spiegelt mit ihrer runden, zerlegten und filigranen Formgebung die Fragilität des intimen Projektes (Abb. 16., 19.).

f.

(ill. 15.). Avec son caractère froid, technologique, elle convient aux photographies en couleurs, très brillantes, et aux documents de laboratoire concernant les recherches de l'artiste allemand Carsten Nicolai, qui se meut aux limites de la science, des arts plastiques et des sons (ill. 18.).

Le livre d'artiste «Ari Marcopoulos: The Chance is Higher» montre des photocopies de photographies personnelles que l'artiste a réalisées sur une période de trente ans. L'écriture créée pour lui, «Sonoma» → 54, reflète la

e.

Nicolai's studies; he is active in the fields of science, art and sound (fig. 18.).

The artist's book "Ari Marcopoulos → 45: The Chance is Higher" contains photocopies of personal photographs the artist realized over a period of 30 years. With its round, fragmented and filigree form the "Sonoma" font, specifically designed for this book, reflects the fragility of this intimate project (fig. 16., 19.). In his work, Nicolas Eigenheer experiments with the development of font characters and their potential to convey contents of books. He

19a.

19b.

19c.

19d.

19e.

19.
*Ari Marcopoulos: **The Chance is Higher***
34 x 24,5 cm, 72 pages

Vente
www.jrp-ringier.com
www.dashwoodbooks.com

d.

Nicolas Eigenheers Arbeit experimentiert mit der Entwicklung von Schriftcharakteren und deren Potential zum Transportieren von Buchinhalten. Er verweist auf die Bedeutsamkeit und die tragende und informative Rolle, die der Typografie → 56 in der Buchgestaltung zukommt und führt vor, wie mit visuellen Mitteln ein geschlossenes Ganzes entsteht. Er liefert drei rundum sorgfältig und durchdacht gestaltete Publikationen mit Vorbildcharakter. AM

f.

fragilité de ce projet intime, grâce à son dessin arrondi, discontinu, en filigranes (ill. 16., 19.). Nicolas Eigenheer, en travaillant à développer des polices de caractères, expérimente leur capacité à véhiculer la substance d'un livre. Il met en évidence l'importance et le rôle porteur, le rôle d'information qui, dans l'art du livre, revient à la typographie → 56. Il montre comment une totalité peut être créée par des moyens visuels. Il livre ainsi trois publications pleinement et soigneusement pensées, et qui ont valeur de modèles. AM

e.

refers to the significance and the crucial and informative role typography plays in book design and demonstrates how a complete whole can be created with visual means. He presents three exemplary publications, in terms of the utter accuracy and the careful conception of their design. AM

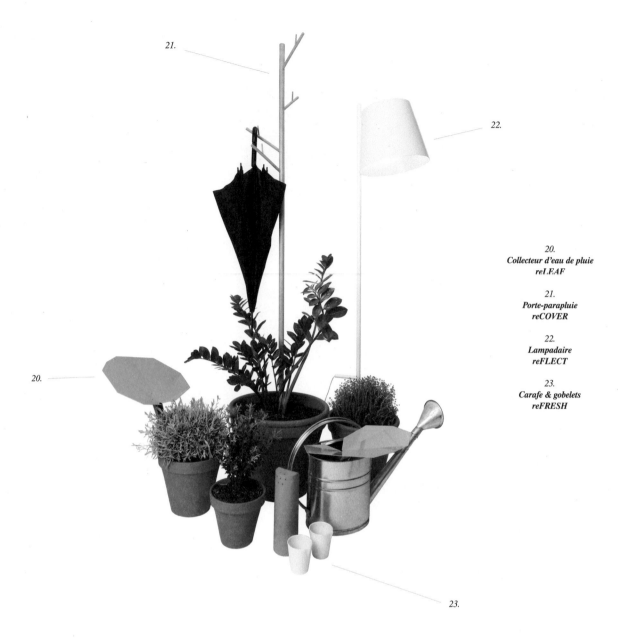

20.

21.

22.

23.

20.
Collecteur d'eau de pluie
reLEAF

21.
Porte-parapluie
reCOVER

22.
Lampadaire
reFLECT

23.
Carafe & gobelets
reFRESH

Qu'est-ce qui a été primé?
Waternetworks-Drops
Une collection de cinq objets
2007

Neue Funktionsgegenstände zum sorgfältigen Umgang mit Wasser *— Fulguro, das erfolgreiche Designerduo aus der Westschweiz, hat sich als Produktdesigner, Grafiker und Ausstellungsgestalter einen Namen gemacht.*

Cédric Decroux und Yves Fidalgo haben dieses Jahr den Eidgenössischen Förderpreis für Design für die fünf Objekte der Produktserie «WATERNETWORKS–DROPS» erhalten (Abb. 20.–23.). *Wie bereits im Titel dieser Arbeit enthalten, steht die Frage nach dem Umgang mit Wasser im Mittelpunkt. «reLEAF» ist ein geometrisch geformtes Metallblatt, das in eine Giesskanne oder in einen Blumentopf gestellt*

Nouveaux objets fonctionnels pour un meilleur usage de l'eau *— Fulguro → 39, brillant duo de designers de Suisse romande, s'est fait un nom dans le design des produits, le graphisme et l'expographie.*

Cédric Decroux et Yves Fidalgo ont obtenu cette année le prix fédéral d'encouragement au design pour les cinq objets de leur série de produits «WATERNETWORKS–DROPS» (ill. 20.–23.). *Comme l'indique déjà le titre de ce travail, la question centrale est celle de notre relation à l'eau. «reLEAF» est une feuille de métal de forme géométrique qui peut être placée dans un arrosoir ou dans un pot de*

New Items of Daily Use for the Careful Use of Water *— Fulguro, the successful design duo from the French part of Switzerland, made their name as product designers, graphic artists and exhibition designers.*

Cédric Decroux and Yves Fidalgo have been awarded the Swiss Federal Design Grant for the five objects in the "WATERNETWORKS–DROPS" series (fig. 20.–23.). *As the title suggests, the central question is how water is being used. "reLEAF" is a geometrically shaped metal sheet that can be put into a watering can or a flower pot in order to collect rain water and let it flow to where it's*

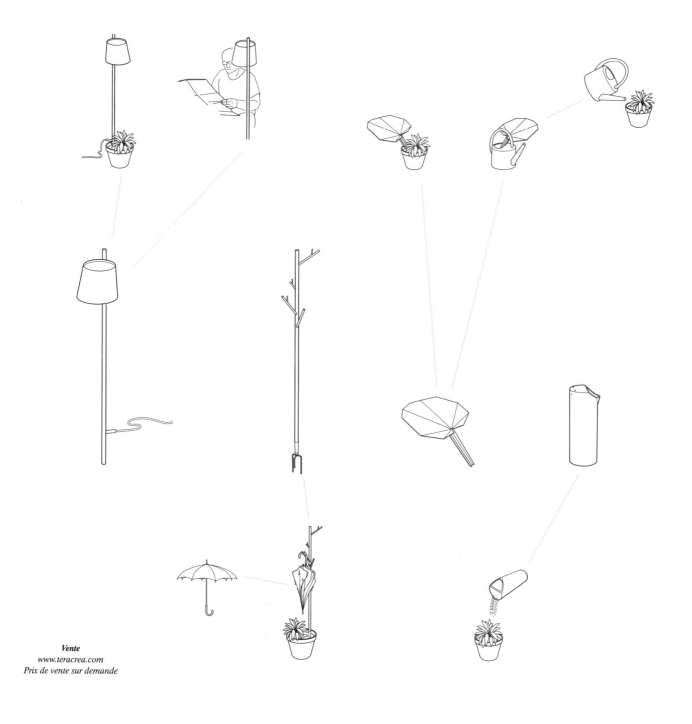

d.

f.

e.

werden kann, um das Regenwasser zu sammeln und durch die schmale Rinne an die gewünschte Stelle fliessen zu lassen (Abb. 20.). Die Ständerlampe «reFLECT» kann direkt in den Blumentopf gesteckt werden und fördert dank der Tageslicht-Spezialglühbirne das Wachstum der Pflanze. «reFRESH», der Tonkrug, vereinigt zwei Ausgiesssysteme: Auf der Seite mit den kleinen Löchern kann er als Giesskanne für Blumen verwendet werden, auf der anderen Seite mit dem zugespitzten Ausguss eignet er sich zum Auffüllen der weissglasierten Becher (Abb. 23.). Der hölzerne Baumständer «reCOVER» kann mit den

fleurs afin de recueillir l'eau de pluie et de la faire couler à l'endroit souhaité grâce à une étroite gouttière (ill. 20.). Le lampadaire «reFLECT» peut être planté directement dans le pot de fleurs et, grâce à son ampoule spéciale lumière du jour, stimuler la croissance de la plante → 50. «reFRESH», une cruche de terre cuite, comporte deux verseurs: d'un côté, ses petits trous en font un arrosoir pour les fleurs, et de l'autre côté, son bec en pointe lui permet de remplir les gobelets blancs vernissés (ill. 23.). Le tuteur en bois «reCOVER» peut, grâce à ses barreaux de métal dans la partie inférieure, être planté dans la terre du

needed via a narrow groove (fig. 20.). The "reFLECT" stand lamp can be placed directly in a pot and fosters the growth of the plant. "reFRESH", the clay jug, combines two pouring systems: the side with the small holes can be used as a watering can for flowers, the side with the pointed spout to fill up the white-enamelled goblets (fig. 23.). The wooden "reCOVER" tree stand can be placed in the base of the pot at the bottom end with the help of metal bars in order to then hang the dripping umbrella from the "branches" (fig. 21.). These original plant accessories can be used both on balconies and in your lounge.

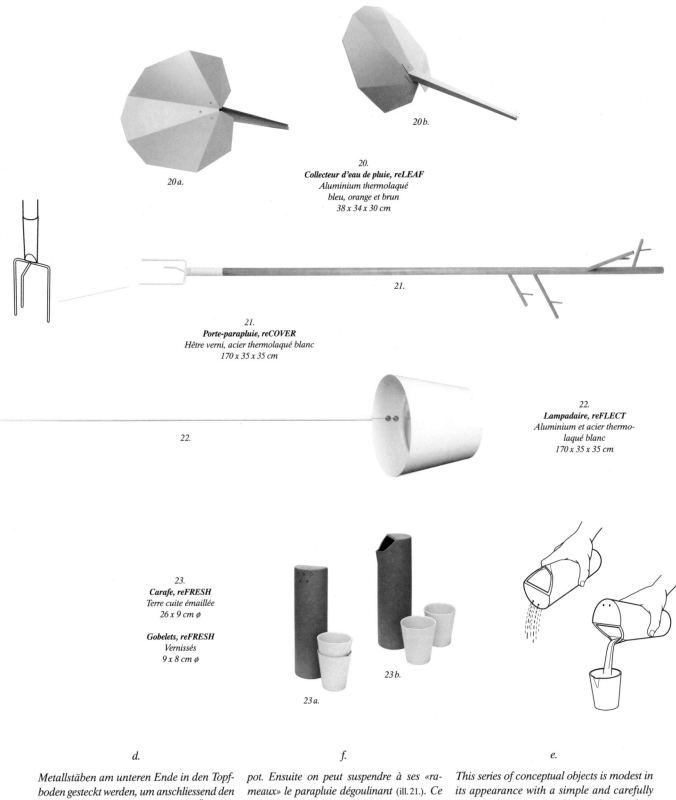

20.
Collecteur d'eau de pluie, reLEAF
Aluminium thermolaqué
bleu, orange et brun
38 x 34 x 30 cm

20 a.

20 b.

21.

21.
Porte-parapluie, reCOVER
Hêtre verni, acier thermolaqué blanc
170 x 35 x 35 cm

22.

22.
Lampadaire, reFLECT
Aluminium et acier thermo-
laqué blanc
170 x 35 x 35 cm

23.
Carafe, reFRESH
Terre cuite émaillée
26 x 9 cm ø

Gobelets, reFRESH
Vernissés
9 x 8 cm ø

23 a.

23 b.

d.

f.

e.

Metallstäben am unteren Ende in den Topfboden gesteckt werden, um anschliessend den tropfenden Regenschirm an die «Äste» zu hängen (Abb. 21.). Die originellen Pflanzenbegleiter können je nach dem auf Balkonien oder in der Stube verwendet werden.

Die Objektreihe mit konzeptionellem Charakter tritt bescheiden auf; simpel und durchdacht im Design, sauber und sorgfältig in der Ausführung. Die beiden Designer erfinden mit dieser Kollektion auf humorvolle und poetische Weise neue Funktionsobjekte, die dazu anregen, mit jedem einzelnen Tropfen Wasser gezielt und sorgfältig umzugehen. AM

pot. Ensuite on peut suspendre à ses «rameaux» le parapluie dégoulinant (ill. 21.). Ce tuteur d'un genre original peut être utilisé, selon les cas, sur les balcons ou en appartement.

Cette série d'objets au caractère conceptuel apparaît modeste; elle est simple et très bien pensée dans son design, propre et soigneuse dans son exécution. Dans cette collection, les deux designers inventent, avec beaucoup d'humour et de poésie, de nouveaux objets fonctionnels → 48, qui incitent à traiter chaque goutte d'eau avec le plus grand soin, sans la laisser perdre. AM

This series of conceptual objects is modest in its appearance with a simple and carefully conceived design, and clean and meticulous in its execution.

The two designers humorously and poetically invent new objects for everyday use that remind you to use every single drop consciously and carefully. AM

Fulguro: Decroux Cédric → 34, Fidalgo Yves → 38

G–L

Tafeln
Planches
Boards

G   *Gianocca Kiko*
87

—   H

—   I

—   J

—   K

L   *Lehmann Aude*
90

Le Moigne Nicolas
94

Leutenegger Catherine
97

24.
Pendente 2007
Resina poliuretano
resina epossidica
10 cm ø

Che cosa è stato premiato?
Things hold together
Una serie di gioielli
2007

Things hold together — «*Things hold together*» *nennt Kiko Gianocca seine Kollektion von Halsketten, die alle 2007 entstanden sind. Die Formensprache ist sehr klar und bildet das Bindeglied zwischen den einzelnen Werken dieser Serie. Es sind reduzierte Formen, die aus der Pflanzenwelt stammen und manchmal fast amorph wirken. Angedeutete Kreise, die sich beim Tragen annähern, überschneiden und überlagern, um wieder auseinander zu driften. Kugeln mit angedeuteten Öffnungen, aus welchen sich die Halterung*

Things hold together — «*Things hold together*»: *c'est le nom que Kiko Gianocca donne à sa collection →32 de colliers, qui ont tous été créés en 2007. Leur langage formel est très clair; il constitue le lien qui unit les créations individuelles de cette série. Il s'agit de formes réduites à l'essentiel, issues du monde des plantes, et qui parfois paraissent presque amorphes. Des cercles, à peine esquissés, qui, lorsqu'on les porte, se rapprochent, se recoupent et se superposent, pour dériver à nouveau à distance les uns des autres. Des sphères avec*

Things hold together — "*Things hold together*" *is the name Kiko Gianocca has chosen for his necklace collection, all of them created in 2007. The formal language is clearly defined and serves as a link between the individual works in the series. They're reduced forms drawn from the vegetable world and sometimes seem almost amorphous. Hinted-at circles converge, overlap and are superimposed to drift apart again. Spheres with hinted-at openings, from which the fastener snakes out. What is striking is a mirroring*

25.
Collana 2007
Argento, resina epossidica
3 x 2 cm, 4 x 2 cm

25.

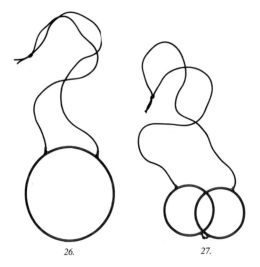

26.
Pendente 2007
Argento, resina epossidica
14 cm ø

27.
Pendente 2007
Argento, resina epossidica
1 elemento 8 cm ø

26.   27.

28.
Collana 2007
Porcellana, resina epossidica
47 x 15 cm

29.
Collana 2007
Resina poliuretano
resina epossidica
55 x 15 cm

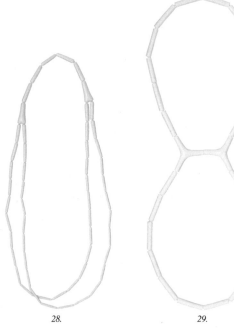

28.   29.

d.

herausschlängelt. Augenfällig ist das Spiel mit Doppelungen (Abb. 26.–29.). *Die Kette wird zu einem Objekt → Corpo, das ein Gegenüber imaginiert. Das Thema des Dialogs zwischen dem Objekt und seinem Betrachter oder seiner Trägerin ist bei Kiko Gianocca sehr wichtig und zieht sich durch sein ganzes Werk. Hier findet es eine höchst bemerkenswerte Ausformulierung.*

Die unterschiedlichen Materialien laden zum Berühren ein. Kiko Gianocca arbeitet mit Silber, Porzellan, Epoxidharz, Polyurethan

f.

des ouvertures implicites, d'où serpente le fil qui les supporte. Ce qui frappe les regards, c'est le jeu du redoublement (ill. 26.–29.). *La chaîne devient un objet → Corpo qui s'imagine un vis-à-vis. Le thème du dialogue entre l'objet et celui qui le regarde ou celle qui le porte est très important chez Kiko Gianocca, et parcourt toute son œuvre. Ici, il trouve une formulation tout à fait remarquable.*

Les différents matériaux invitent au toucher. Kiko Gianocca travaille avec l'argent, la porcelaine, la résine époxyde, le polyuré-

e.

game (fig. 26.–29.). *The necklace becomes an object that creates an image of its counterpart. Kiko Gianocca is very interested in the question of the dialogue → 35 between an object → Corpo and its observer or its wearer, and this runs like a thread through the entirety of his work, and is expressed quite remarkably here.*

The different materials are inviting to the touch. Kiko Gianocca uses silver, porcelain, epoxy resin, polyurethane and felt → Feltro. The felt necklaces (fig. 30.–32.) have an inner life

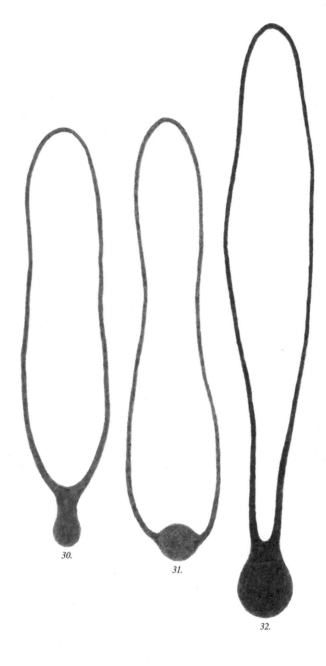

30.
Collana 2007
Vecchia biglia, lana
23 x 15 cm

31.
Collana 2007
Pallina di gomma, lana
25 x 15 cm

32.
Collana 2007
Pallina di gomma, lana
38 x 5 cm

30.

31.

32.

Vendita
kikoggiano@yahoo.it
CHF 480.– a 1100.–

d.

und Filz → Feltro. Die Filzketten (Abb. 30.–32.) haben ein Innenleben, welches sich erst durch die Berührung erahnen lässt. Der Kern der Kugeln bildet jeweils ein Plastik- und Gummiball respektive eine Marmel. Hier wird deutlich, wie wichtig Haptik als Möglichkeit der Interaktion, des Diskurses ist.

Gianoccas Serie besticht durch eine klare Haltung und Formensprache sowie durch eine qualitativ hochstehende Verarbeitung und eine zurückhaltende Poesie → 50, die auf den zweiten Blick fassbar wird. PC

f.

thane et le feutre → Feltro. Les chaînes en feutre (ill. 30.–32.) ont une vie intérieure qu'on ne peut pressentir qu'en les touchant. Le noyau des sphères est fait d'une balle de plastique ou de gomme, ou d'une bille de verre. Ici se manifeste à quel point le toucher est important comme possibilité d'interaction, de dialogue.

La série de Gianocca frappe par son allure et son langage formel très clairs, comme par sa finition de très haute qualité, mais aussi par une poésie retenue, qui ne devient perceptible qu'au deuxième regard. PC

e.

that is accessible only through touch. The core of the spheres contains a plastic and rubber ball, or a marble. This exemplifies how important haptics → 40 are as an opportunity for interaction, or discourse.

Gianocca's series captivates through its clear stance and formal language and through high-quality workmanship and a restrained poetry that can be fully understood at second sight. PC

89

33 a.   33 b.

33.
Shirana Shahbazi: Accept the Expected
24 x 16,5 cm, 104 Seiten
ISBN: 978-3-88375-944-9

33 c.   33 d.   33 e.

33 f.   33 g.

Was wurde prämiert?
Acht Publikationen
2004–2008

Alles und viel mehr *— 2008 ist das Jahr für Aude Lehmann: Sie gewinnt ihren dritten Preis am Eidgenössischen Wettbewerb für Design (nach 1999 und 2001) und bekommt den vom Eidgenössischen Departement des Innern vergebenen «Jan-Tschichold-Preis» → 41 verliehen. Eine herausragende und verdiente Leistung.*

Seit zehn Jahren hat Aude Lehmann ihr eigenes Atelier in Zürich. Ihre Arbeitshaltung

Tout, et bien davantage *— 2008 est l'année d'Aude Lehmann: elle remporte son troisième prix au Concours fédéral de design (après 1999 et 2001) et se voit décerner le Prix Jan-Tschichold → 51, attribué par le Département fédéral de l'intérieur. Une performance exceptionnelle, et méritée.*

Depuis dix ans, Aude Lehmann a son propre atelier à Zurich. Sa conception du métier imprègne son activité créatrice. Elle

Everything and much more *— 2008 is Aude Lehmann's year: she's won her third award in the Swiss Federal Design Competition (after 1999 and 2001) and has been given the "Jan Tschichold Prize" → 41 by the Federal Department of Home Affairs. An outstanding achievement and well-deserved.*

Aude Lehmann has had her own studio in Zurich for 10 years. Her work ethic informs her creative activities. She responds to the

34a.   34b.

34.
Album
22,5 x 15 cm, 326 Seiten
ISBN: 978-3-905770-70-4

34c.   34d.   34e.

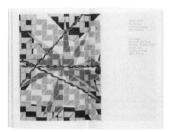

34f.

35.
Whyart: Aura
21,5 x 16 cm, 32 Seiten
ISBN: 3-937577-29-7

35a.   35b.   35c.

d.

prägt ihr gestalterisches Schaffen. Sie geht mit ihrer visuellen Sprache auf das jeweilige Buchprojekt ein und macht anhand der Inhalte gestalterische Aussagen. So steht nicht die eigene visuelle Sprache im Vordergrund, sondern das Suchen nach dem adäquaten Ausdruck für ein Buchprojekt in seiner Gesamtheit. Ihre eigene Implikation ist dadurch natürlich um ein Vielfaches grösser: Die Gestalterin als Mitdenkerin und als kritisches

f.

adapte son langage visuel à chaque projet de livre, et c'est en se fondant sur le contenu de l'ouvrage qu'elle trouve son expression formelle. Ainsi, ce qui compte d'abord, ce n'est pas son langage visuel propre, mais un projet global, et la recherche, pour chaque livre, d'un moyen d'expression adéquat. Ce qui signifie évidemment de sa part un surcroît d'implication: la graphiste pense l'ouvrage avec son commanditaire; elle joue à son

e.

book project she's working on through her visual language and makes creative statements on the basis of the content. This means that it's not her own visual language that's at the centre of her work, but her search for an adequate means of expression for the book project as a whole. This, of course, significantly increases her own involvement. She becomes a critical counterpart to the client and someone who adds her intellectual input.

36.
Whyart: Glamour
21,5 x 16 cm, 64 Seiten
ISBN: 3-86588-060-6

Verkauf
Whyart: Glamour & Aura
whyart@whyart.net

36 a.   *36 b.*

 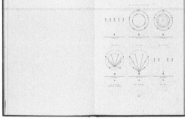 

36 c.   *36 d.*   *36 e.*

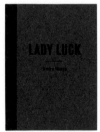  

37 a.   *37 b.*   *37 c.*

37.
Lady Luck: Andro Wekua
28 x 21 cm, 72 Seiten
ISBN: 978-3-905829-51-8

d.

Gegenüber der Auftraggeber. Ihr Engagement schlägt sich im Diskurs um Konzept und Form, aber auch in der sinnlichen Erscheinung und in der eigenwilligen Sorgfalt jeder einzelnen Publikation nieder.

Viele Auftragsarbeiten von Aude Lehmann bewegen sich in den Bereichen Kultur und Kunst. So auch die am Wettbewerb ausgezeichneten Bücher. Ein Projekt sticht besonders hervor: Die von Aude Lehmann –

f.

égard le rôle d'une interlocutrice critique. Son engagement se manifeste dans le discours sur le concept et sur la forme, mais aussi au niveau sensoriel, et dans le soin opiniâtre qu'elle apporte à chacune de ses publications.

Beaucoup de travaux de commande d'Aude Lehmann relèvent du domaine de la culture et de l'art. C'est le cas, notamment, des ouvrages distingués dans le concours. Un projet est particulièrement remarqua-

e.

Her involvement is reflected in the conceptual and formal discourse, but also in the sensual and sensory appearance and the idiosyncratic care of every single publication.

Much of Aude Lehmann's commissioned work moves within the realm of culture and the arts, as do the books honoured in the competition. One project in particular stands out: Aude Lehmann's self-published – with Tan Wälchli – publication series "Whyart".

38 a.   *38 b.*   *38 c.*

38.
Setareh Shahbazi:
Oh, no, no… – The Crystal Series
30 x 20 cm, 48 Seiten
ISBN: 3-89309-107-6

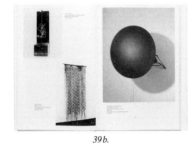

39.
The Expanded Eye
29 x 19,6 cm, 256 Seiten
ISBN: 978-3-7757-1815-8

39 a.   *39 b.*

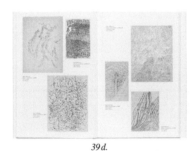
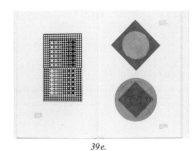

39 c.   *39 d.*   *39 e.*

39 f.

40.

40.
O.T. Ein Ersatzbuch
31,6 x 23,5 cm, 256 Seiten
ISBN: 978-3-89408-090-7
→ 125 Lex Trüb

d.   *f.*   *e.*

zusammen mit Tan Wälchli → 58 – selbst herausgegebene Publikationsreihe «Whyart» → 58. Die ersten beiden Bände «Aura» → 30 und «Glamour» (Abb. 35., 36.) sind bereits erschienen: Mit Tan Wälchli zusammen zeichnen beide für Inhalt und Form gleichermassen verantwortlich. Bei ihrem Verständnis von Gestaltung eigentlich ein völlig logischer Schritt. PC

ble: la série de publications intitulée «Whyart», publiée par Aude Lehmann elle-même – en collaboration avec Tan Wälchli. Les deux premiers volumes, «Aura» et «Glamour» (ill. 35., 36.) sont déjà parus: du contenu comme de la forme, l'artiste est responsable au même titre que Tan Wälchli. C'est une démarche tout à fait logique, et fidèle à l'idée qu'elle se fait de l'art du livre. PC

The first two volumes "Aura" and "Glamour" (fig. 35., 36.) have already been published: together with Tan Wälchli, she is responsible for the content and form, the logical next step if you consider how she conceives of design. PC

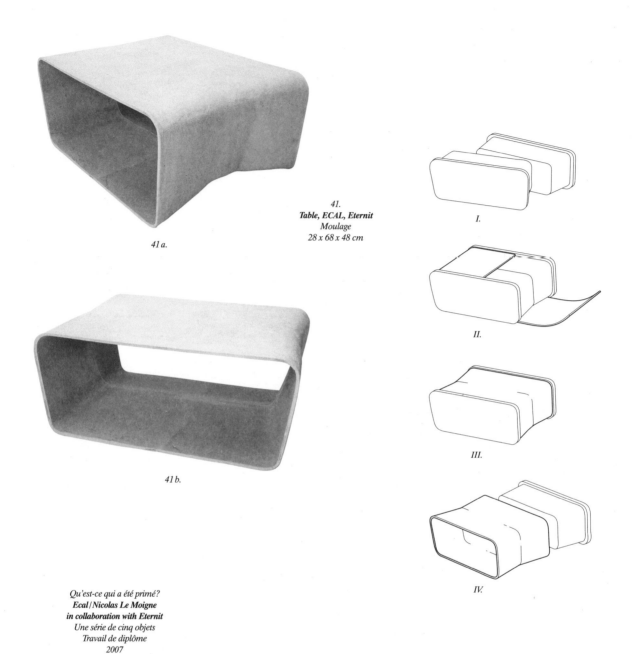

41 a.

41.
Table, ECAL, Eternit
Moulage
28 x 68 x 48 cm

I.

II.

III.

IV.

41 b.

Qu'est-ce qui a été primé?
Ecal / Nicolas Le Moigne
in collaboration with Eternit
Une série de cinq objets
Travail de diplôme
2007

Experimente mit Eternit — *Die Arbeit «Objets en Eternit» zeichnet sich durch einen intensiven Rechercheprozess aus und ist in enger Zusammenarbeit mit dem Schweizer Traditionsunternehmen «Eternit» entstanden. Das unauffällige, graue Material ist vor allem in Form von Blumenkisten und Dachwellplatten bekannt. Es besticht, wie es der Name schon verrät, durch seine lange Haltbarkeit. Robust und wetterfest eignet sich der Faserzement besonders für den Aussenbereich. Diese Materialeigenschaften nutzte schon Willy Guhl 1954 für seinen Strandstuhl und erlangte mit dem Designklassiker internationale Bekanntheit. Welche Gestaltungsmöglichkeiten die*

Expérimenter avec Eternit — *«Objets en Eternit» → 37 est un travail qui se caractérise par un processus de recherche intensif, et qui est né en étroite collaboration avec l'entreprise traditionnelle suisse «Eternit». Le matériau gris et discret qui porte ce nom est surtout connu sous forme de bacs à fleurs et de tuiles ondulées. Son atout, que révèle déjà son nom, c'est sa grande longévité. Robuste et résistant aux intempéries, ce fibrociment → 38 est surtout adapté à des usages en extérieur. Les qualités de ce matériau, Willy Guhl → 40 les a exploitées dès 1954 avec sa chaise longue, et ce classique du design lui a valu une réputation internationale. Et maintenant, c'est Nicolas*

Experiments with Fiber-Cement Board — *The "Objets en Eternit" project is characterised by an intense research process and was developed in close collaboration with "Eternit", a long-established Swiss company. This unobtrusive, grey material is known primarily for its use in flower boxes and corrugated roof sheets. As the brand name suggests what marks it out is its durability. Sturdy and weatherproof, fiber-cement board is well suited to outdoor use. Those characteristics were exploited as far back as 1954 by Willy Guhl for his beach chair, the design classic that gave him international recognition. Nicolas Le Moigne has now explored what design pos-*

Vente
www.eternitdesign.com
Assise: CHF 270.–
Table: CHF 370.–

42.
Assise, ECAL, Eternit
Moulage
Gris clair, laqué gris foncé
44 x 44 x 32 cm

42 a.   *42 b.*

42 c.   *42 d.*

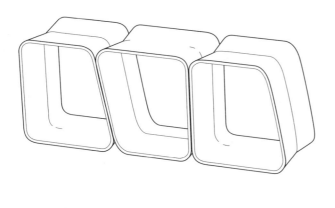

d.   *f.*   *e.*

gepressten Matten, als Band um eine Form gelegt, eröffnen, erprobte nun auch Nicolas Le Moigne.

In einem langwierigen Experimentierprozess entstanden die ersten Prototypen und daraus anschliessend zwei Objekte: Ein Stuhl «ECAL Hocker» und ein Beistelltisch «ECAL Tisch», wobei die Funktionen nicht eindeutig festgelegt sind und letztlich beide als Sitz- oder Ablagefläche benutzt werden können (Abb. 41., 42.).

Die Einfachheit der Objekte und die formale Sprache überzeugen und führen die Tradition des Eternitgartenmöbels in der Gegenwart fort. Der Erfolg liess denn auch nicht

Le Moigne qui explore à son tour les possibilités formelles offertes par ces tapis de matière comprimée, ces rubans qui dessinent des formes. Au cours d'un processus expérimental de longue durée, sont apparus les premiers prototypes →51 et, à leur suite, deux objets →48: une chaise «ECAL Hocker» et une table d'appoint «ECAL Tisch», dont les fonctions ne sont pas déterminées de manière univoque, et qui finalement peuvent toutes deux être utilisées comme surface pour s'asseoir ou comme surface de rangement (ill. 41., 42.).

La simplicité des objets et le langage formel utilisé sont convaincants; ils poursuivent aujourd'hui la tradition des meubles de jardin

sibilities are offered if strips of the pressed mats are shaped around a mould.

Over a protracted process of experimentation the first prototypes were developed, which led to two objects: an "ECAL Hocker" chair and an "ECAL Tisch" side table, where the functions aren't fixed and both can be used either as a seat or table surface (fig. 41., 42.).

The simplicity of the objects and the formal language are effective and carry the tradition of fiber-cement furniture into the present. Success wasn't long coming. Both objects have gone into mass production at "Eternit", are being commercialised and have been seen at several exhibitions.

43.

44.
Assise, Scraps, Eternit
Moulage
40 cm (haut.) x 32 cm ø

I.

II.

III.

43.
Pot de fleurs, Eternit
Moulage Eternit noir
36 cm (haut.) x 35 cm ø

44 a.

44 b.

d.

lange auf sich warten. Beide Objekte werden von der Firma «Eternit» in Massenprodukti-on hergestellt und kommerzialisiert und wur-den bereits an mehreren Ausstellungen prä-sentiert.

Nicolas Le Moigne entwarf schon wäh-rend seines Studiums an der ECAL Objekte, mit denen er erste grosse Erfolge feiern konn-te. Dies etwa mit der bunten Giesshilfe «Verso Diverso», die auf Petflaschen aufgeschraubt werden kann und anschliessend beim Ein-schenken oder Blumengiessen hilfreich ist. Produziert für das italienische Unternehmen «Viceversa» wurde das Designobjekt bis jetzt bereits mehr als 250 000 fach verkauft. *AM*

f.

en Eternit. En effet, le succès ne s'est pas fait attendre longtemps. Les deux objets ont été produits et commercialisés en série par la fir-me «Eternit». Ils ont déjà été présentés dans de nombreuses expositions.

Nicolas Le Moigne, dès le temps de ses études à l'ECAL, a conçu des objets qui lui ont permis de fêter ses premiers grands succès. Par exemple ce «Verso Diverso», un embout verseur multicolore, qui peut être vissé sur les bouteilles en P.E.T, et qui est très utile pour remplir les verres ou pour arroser les fleurs. Produit pour l'entreprise italienne «Vicever-sa», cet objet design a été vendu jusqu'ici à plus de 250 000 exemplaires. *AM*

e.

Nicolas Le Moigne started designing objects that brought him his first taste of success dur-ing his studies at ECAL, such as his colourful "Verso Diverso" pouring device that can be screwed onto PET bottles to make pouring or watering flowers easier. The design object pro-duced for the Italian company "Viceversa" has been sold more than 250 000 times al-ready. *AM*

96

45.

46.

47.

Qu'est-ce qui a été primé?
The Kodak City
Une série de photographies et une édition
2007–2008

Click-Clack Kodak! *— Mit dem schnellen «Klick», dem legendären «Kodak Moment», machte George Eastman (1854–1932) die Stadt Rochester reich. Doch beim Übergang in die digitale Welt hatte Kodak den Finger zu spät am Auslöser. Der Rückgang des analogen Filmgeschäftes, ehemals Kodaks Kernkompetenz, wurde zur Bedrohung von Unternehmung und Marke. Jetzt ist die Aufholjagd zum Überlebenskampf geworden, bei dem der Heimatstandort Rochester (US-Bundesstaat*

Clic-clac Kodak! *— Avec son «clic» rapide, son légendaire «moment Kodak», George Eastman (1854–1932) a fait les beaux jours de la ville de Rochester. Mais au moment du passage au monde numérique, Kodak a pressé trop tard sur le déclencheur. Le recul du commerce du film analogique, autrefois le domaine d'excellence de Kodak, est devenu une menace pour l'entreprise et pour la marque. Maintenant, la course pour rattraper son retard est devenue un combat pour la survie. Et*

Click-Clack Kodak! *— George Eastman →36 (1854–1932) made the town of Rochester →52 rich with the fast "click", the legendary "Kodak moment". However, when it came to the transition to the digital world, Kodak →42 didn't press the shutter fast enough. The decline of the analogue film business, Kodak's former core competence, became a threat to the company and the brand. Now catching up has become a struggle for survival, and life is slowly draining out of the head office in*

45., 48., 51.
*Tirages Lambda
sur papier semi-mat monté
entre deux plaques de plexiglas
60 x 74 cm*

48.

49.

50.

d.

New York) langsam aber sicher ausblutet. Rund 30 000 Entlassungen und ein trotziger Komplett-Schwenk zur digitalen Fotografie sollen retten, was noch zu retten ist. Die Spuren des Turnarounds des «Gelben Fotoriesen» sind unübersehbar.

Mit der Fotorecherche «The Kodak City» führt uns Catherine Leutenegger an diesen traditionsreichen Ort, der im Begriff ist zu verschwinden. Mit einer bemerkenswerten Beherrschung der Technik und der Wahl der Bildausschnitte zeigt sie, was aus dem einsti-

f.

dans ce combat, Rochester (dans l'Etat fédéral américain de New York), patrie de Kodak, se vide de son sang, lentement mais sûrement. 30 000 licenciements environ, et une reconversion aussi complète qu'obstinée à la photographie numérique →48 doivent sauver ce qui peut l'être encore. Les effets de cette volte-face du «géant jaune de la photo» sont incalculables.

Avec sa recherche photographique intitulée «The Kodak City», Catherine Leutenegger nous conduit dans ces lieux chargés d'histoire, mais sur le point de disparaître. Avec une

e.

Rochester (U.S. state of New York). Laying off about 30 000 employees and a defiant pan to digital photography is meant to save what can still be saved. The impact of this change on the "yellow photo giant" shouldn't be overlooked. Catherine Leutenegger's "Kodak City" photo research project leads us to this place of long tradition, which is about to disappear. With a remarkable mastery of the technique and framing choices she displays what has become of the former centre of the photography world. Her look at the bland face of the

51.

46., 47., 49., 50., 52.
*Tirages Lambda
sur papier semi-mat
A3+*

52.

Vente
cath@cleutenegger.com
Prix de vente sur demande

d.

gen Mittelpunkt der Fotografie-Welt geworden ist. Gnadenlos ist ihr Blick auf das farblose Gesicht der Stadt und auf einzelne desillusionierte Menschen gerichtet. Die Leere ist auf den Aussenansichten förmlich spürbar. Auf Hochglanz getrimmt und in der Ästhetik der Werbefotografie der 1970er-Jahre, scheint dagegen im Innern der Produktionsstätten von Kodak alles überlebt zu haben, unverändert, über die Jahre gleich geblieben: Die Teppiche auf dem Boden, der Marmor, das Blattgold. Textlich in Form einer Reportage mit Essays

f.

remarquable maîtrise de la technique et du choix des cadrages, elle nous montre le destin de ce qui fut autrefois le cœur de la photographie mondiale. Son regard se pose sans pitié sur le visage décoloré de la ville, et sur quelques individus désillusionnés. Le vide, dans ses vues d'extérieur, est véritablement palpable. Astiqué et brillant, avec son esthétique →37 de photographie publicitaire des années 1970, tout semble en revanche avoir survécu à l'intérieur des lieux de production de Kodak; tout semble inchangé, intact malgré le passage

e.

town and at disillusioned individuals is merciless. The emptiness in these exterior views is tangible. Inside Kodak's production facilities, however, high-glossed and in the style of 1970s commercial photography, everything seems unchanged, seems to have remained the same over the years: the carpets on the floor, the marble, the gold leaf.

The "Kodak City" photo collection is complemented by a text consisting of a reportage with essays and interviews, and leaves us with a nightmarish intense impression of the digital

 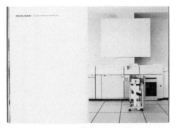 

53 a. 53 b. 53 c.

53 d. 53 e.

53 f. 53 g. 53 h.

53.
The Kodak City
20,7 x 14,7 cm, 90 pages
(impression numérique)

53 i.

d.

und Interviews ergänzt, hinterlässt die Bildersammlung «The Kodak City» einen beklemmend intensiven Eindruck der digitalen Revolution. Damit knüpft die junge Fotografin nahtlos an die Perspektive ausserhalb des Blickfeldes an; dort nämlich, wo sie mit ihrer 2006 ausgezeichneten Diplomarbeit «Horschamp» angefangen hat: Fotografie über Fotografie im Wandel der Zeit. EH

f.

des ans: les tapis de sol, le marbre, la feuille d'or. Le texte de l'ouvrage se présente sous forme de reportage →52 complété par des essais et des interviews. «The Kodak City» est un ensemble de photos qui laisse, de la révolution numérique, une impression intense, oppressante. Dans cet essai →37, la jeune photographe retrouve une perspective située au-delà de l'objectif et qui la ramène à ses débuts, au travail de diplôme, distingué en 2006, qui s'intitulait «Hors-champ». De la photographie sur la photographie, au fil du temps. EH

e.

revolution. Here the young photographer is seamlessly continuing the tradition of a perspective outside the field of view; this is the tradition she started to follow with her distinguished diploma work "Hors-champ" in 2006: photography on photography over the course of time. EH

M–Q

Tafeln
Planches
Boards

54.
Dumbalicious
Collection 2008

55.
Mes amis les habits
Lookbook
Photos: Philippe Jarrigeon
Design: Guy Meldem
Koerner Union

55.

56a.   56b.

56.
Dumbalicious
Lookbook
Photos: Philippe Jarrigeon
Design: Guy Meldem
Koerner Union

56c.   56d.   56e.

Qu'est-ce qui a été primé?
Dumbalicious
Huit outfits, deux lookbooks et une vidéo
Travail de diplôme
2007–2008

56f.

Schön und dumm — *Emilie Meldem wurde für ihre Diplomkollektion «Dumbalicious» (2008) sowie zwei weitere Arbeiten «I feel bling bling» und «Mes amis les habits» (2005, 2007) ausgezeichnet. Ihre Präsentation ist herausragend und umfassend. Kleider, Lookbooks und Video ergänzen sich aufs beste und erzeugen eine Stimmung, welcher man sich nur schwer entziehen kann: Eine Art Unbeschwertheit, gepaart mit kindlicher Freude und Übermut, die aber auch immer wieder gebrochen, respektive ironisiert wird. Im Video wird dieses Lebensgefühl zusätzlich mit Musik hinterlegt. Die Lookbooks* (Abb. 55., 56.) *sind sehr sorgfältig und mit Liebe zum Detail*

Belle et bête — *Emilie Meldem a été distinguée pour «Dumbalicious» (2008), sa collection →32 de diplôme, ainsi que pour deux autres travaux, «I feel bling bling» et «Mes amis les habits» (2005, 2007). Sa présentation est d'une qualité remarquable, et très exhaustive. Des vêtements, des lookbooks ainsi qu'une vidéo se complètent idéalement, et font naître une atmosphère à laquelle on ne peut guère se soustraire: une sorte d'insouciance alliée à une joie enfantine, exubérante que l'ironie →41 vient briser régulièrement. Dans la vidéo, la musique vient encore ajouter à l'expression de cette atmosphère. Les lookbooks* (ill. 55., 56.) *sont élaborés avec beaucoup de soin et d'amour du détail. Ils*

Beautiful and dumb — *Emilie Meldem was honoured for her graduate collection "Dumbalicious" (2008) as well as two other collections: "I feel bling bling" and "Mes amis les habits" (2005, 2007). Her presentation is outstanding and comprehensive. Clothes, look books and videos complement each other perfectly and create a mood that is hard to resist: a kind of lightheartedness coupled with childlike joy and impudence that, however, is constantly broken or is subjected to her irony. In the video, this attitude is additionally underscored with music. The look books* (fig. 55., 56.) *are designed with a lot of care and love of detail. They sometimes contain illustrations*

57 a.

57.
Robe
*Volants noirs avec motif
brodé sur le devant à partir
de bandes tricotées de
différentes couleurs*

58 a.

*Motifs: Tatiana Rihs
Découpes au Laser:
Jakob Schlaepfer*

57 b.

d.

gestaltet. Zum Teil enthalten sie Illustrationen, welche den Impetus der Kleider noch verstärken und hervorheben.

«Dumbalicious», so der Name der Kollektion, spielt – wie die beiden anderen Arbeiten auch – mit den Klischees, die oftmals den Blick unserer Gesellschaft bestimmen. Wie Emilie Meldem selbst sagt, brauchte sie als sogenannt naive Ausgangslage das Klischee der «Frau, die dumm und schön zu sein hat und heimlich schlau bleibt, um die Leute zu manipulieren». Ihre Kollektion spielt mit dieser fiktiven Frauenrolle und bricht, kritisiert und ironisiert sie laufend. Das Spiel mit der Doppelbödigkeit, mit Nähe und Distanz, ge-

f.

comportent notamment des illustrations qui renforcent et soulignent encore la force de vie qui anime les vêtements.

Comme les deux autres travaux, «Dumbalicious» (c'est le nom de la collection) joue avec les clichés qui si souvent conditionnent le regard de notre société. Comme Emilie Meldem l'indique elle-même, elle avait besoin d'une situation de départ naïve, si l'on peut dire: le cliché selon lequel «la femme doit être belle et bête; mais secrètement, elle sait se montrer rusée et manipuler les gens». Sa collection joue avec ce rôle fictif de la femme; elle ne cesse de le casser, de le critiquer, d'ironiser sur lui. Le jeu avec le double sens, avec la proximité et

e.

that reinforce and accentuate the energy of the clothes.

"Dumbalicious", the name of the collection, plays – as do her two other collections – with the clichés that often guide our society's gaze. As Emilie Meldem herself points out her naïve starting point was the cliché of the "woman who has to be dumb and beautiful, but is secretly clever in order to manipulate people". Her collection plays with this fictitious female role and undermines, criticises and ironises it. This play with ambiguity, closeness and distance is successful. The collection (skirts, tops, dresses, hot pants, coat jacket and ear jewellery) is based on A and U shapes,

58b.

58.
Jaquette tricotée
*Laine bleu-clair avec dentelle
composée de différents motifs
découpés au laser*

T-shirt
*Jersey blanc doublé de satin
rouge avec sur le devant
un motif découpé au laser*

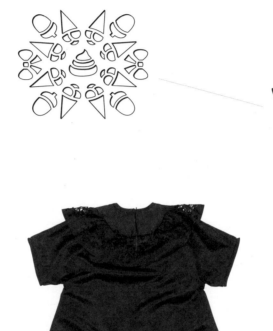

59a.

59.
Robe
*Satin-polyester noir avec motif
découpé au laser sur le devant
et dentelle composée
de différents motifs également
découpée au laser
Doublure en jersey jaune*

59b.

d.

lingt ihr. Die Kollektion (Röcke, Oberteile, Kleider, Hotpants, Manteljacke und Ohrschmuck u.a.) ist auf A- und U-Formen aufgebaut und die Stücke sind aus Jersey, Polyester, Satinpolyester, Satin, Baumwolle oder Wolle gefertigt. Den meisten gemeinsam sind typische klassische Dekorationen wie Posamente und Stickereien. Die Posamente sind aus gestrickten Bändern hergestellt und auf die Kleider gestickt. Emilie Meldem spielt mit der Technik und lässt die Dekorationen so gewollt ‹billig› und mit den von ihr ausgewählten Motiven auch ‹naiver› wirken. Viele Kleidungsstücke haben lasergecuttete Bordüren, die wie Scherenschnitte, manchmal wie Rü-

f.

la distance, lui réussit très bien. La collection (jupes, hauts, robes, shorts, vestes-manteaux et boucles d'oreilles, entre autres) est construite sur des formes en A et en U, et les pièces sont réalisées en jersey, polyester, satin-polyester, satin, coton ou laine. Ce qui est commun à la plupart d'entre elles, ce sont des décorations classiques typiques, telles des passementeries →49 et des broderies →31. Les passementeries consistent en bandes tricotées, cousues sur les vêtements. Emilie Meldem joue avec la technique et ses décorations sont volontairement «bon marché»; les motifs qu'elle a choisis leur donnent une allure ‹naïve›. Beaucoup de pièces de vêtements compor-

e.

and the pieces are made of jersey, polyester, satin polyester, satin, cotton or wool. What most of them share are typical classic decorations such as passementerie and embroidery. The passementerie is made of embroidered ribbons and stitched onto the clothes. Emilie Meldem plays with techniques and makes the decorations look deliberately 'cheap' and, with the motifs she uses, also 'more naïve'. Many of the clothing items have laser-cut borders that look like silhouettes and sometimes like frills, or she uses other lasered shapes that are appliquéd or used as an integral part of the clothes. These shapes speak ironic volumes. We can see rolling pins, ice cream,

60 a.

60 b.

60.
Robe
*Cape en jersey rose
pâle et doublure en
coton noir*

61 a.

61 b.

61.
Veste de pluie
*Volants en polyester
bleu-marine*

Vente
*emiliebm@hotmail.com
Prix de vente sur demande*

d.

schen wirken, oder sie braucht andere gelaserte Formen, welche appliziert oder als integraler Bestandteil des Kleides verwendet werden. Diese Formen sprechen ironische Bände. Wir sehen Nudelhölzer, Speiseeis, Blumen, Diamanten, Schlagsahne. Das süsse Leben eben.

Den Arbeiten gemeinsam ist ein Stil, bei welchem Mode, Musik und Grafik sich kongenial ergänzen und mischen. Emilie Meldem gelingt es, daraus eine Art von Lebensgefühl zu extrahieren, das sich in seinen besten Momenten nach «Lost in Translation» anfühlt. PC

f.

tent des bordures découpées au laser, qui figurent des silhouettes ou des ruchés; ou alors, elle utilise d'autres formes au laser, appliquées sur le vêtement, ou qui en font partie intégrante. Ces formes sont chargées d'ironie. Nous voyons des rouleaux à pâtisserie, de la crème glacée, des fleurs, des diamants, de la Chantilly. Bref, la grande vie.

Ce qui est commun à ces travaux, c'est un style où la mode, la musique et le graphisme se complètent, se mêlent, et participent du même esprit. Emilie Meldem réussit à leur faire exprimer une manière de style de vie, qui dans ses meilleurs moments rappelle l'atmosphère de «Lost in Translation» → 44. PC

e.

flowers, diamonds and whipped cream: the sweet life.

What all the creations have in common is a style in which fashion, music and graphic design are mixed to complement each other perfectly. Emilie Meldem manages to extract an attitude from them that, at its best, feels like "Lost in Translation". PC

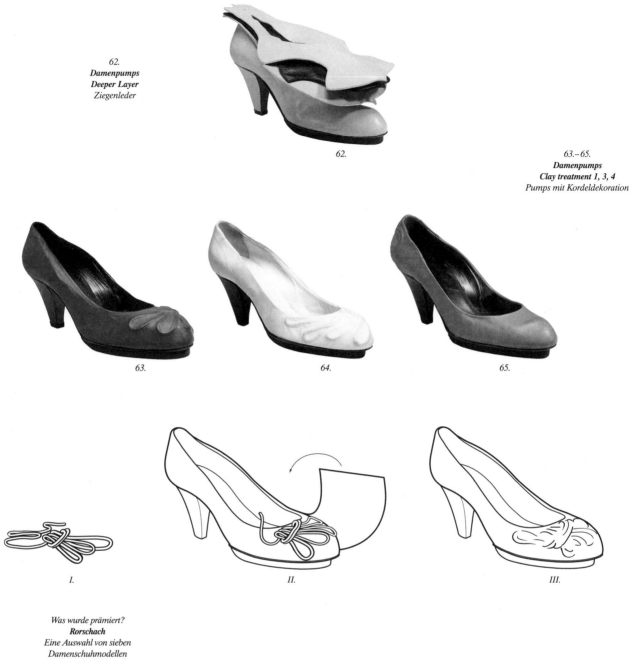

62.
Damenpumps
Deeper Layer
Ziegenleder

62.

63.–65.
Damenpumps
Clay treatment 1, 3, 4
Pumps mit Kordeldekoration

63.

64.

65.

I.

II.

III.

Was wurde prämiert?
Rorschach
Eine Auswahl von sieben
Damenschuhmodellen
Sommerkollektion
2007

«Sage mir was du für Schuhe trägst, und ich sage dir wer du bist» — *Anita Moser gewinnt zum dritten und somit letzten Mal einen Eidgenössischen Förderpreis für Design – nach 2003 und 2004. Der Hattrick gelingt nur selten. Sie ist eine der wenigen Schuhdesignerinnen in der Schweiz und seit 2003 mit eigenem Label → 43 im Geschäft. Ihre Schuhkollektionen → 42 werden national und international vertrieben. Anita Moser steht für markantes und eigenwilliges Schuhdesign.*

Prämiert wurde die Sommerkollektion 2007, bestehend aus sieben Frauenschuhmodellen namens «Rorschach» → 52, nach dem im Volksmund «Tintenkleckstest» genannten psychodiagnostischen Testverfahren. Anita Moser hat diese ‹Klecksografien› als Aus-

«Dis-moi quelles chaussures tu portes, et je te dirai qui tu es» — *Anita Moser gagne pour la troisième, et par conséquent la dernière fois, un Prix fédéral de design – après 2003 et 2004. La passe de trois n'arrive que rarement. Anita Moser est une des rares designers de chaussures en Suisse, et depuis 2003, elle a commercialisé son propre label. Ses collections sont distribuées sur le plan national et international. Anita Moser est synonyme d'un design de chaussures singulier et puissamment original.*

Sa collection primée, celle de l'été 2007, consiste en sept modèles de chaussures pour dames baptisés «Rorschach», du nom que le langage courant donne au «test de la tache d'encre» effectué pour les diagnostics en

"Tell me what shoes you wear, and I'll tell you who you are" — *Anita Moser has been awarded her third and hence final Swiss Federal Design Grant – after 2003 and 2004. Not many manage the hat-trick→ 40. She is one of only a few shoe designers in Switzerland and has had her own label since 2003. Her shoe collections are distributed nationally and internationally. Anita Moser is synonymous with distinctive and idiosyncratic shoe design.*

She was awarded the grant for her 2007 summer collection, consisting of seven women's shoe models named "Rorschach", after the eponymous psychodiagnostic inkblot test. Anita Moser used these inkblots as a starting point for her collection. An important feature of it seems to be a sense of abstrac-

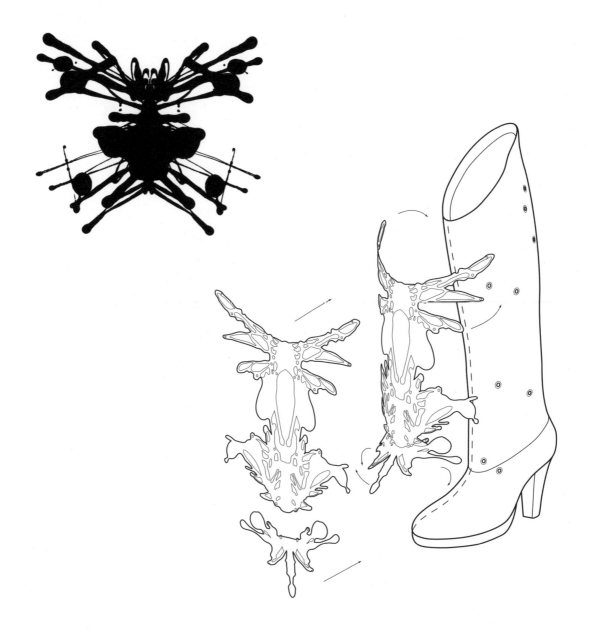

d.   f.   e.

gangspunkt für ihre Kollektion genommen. Wichtig scheint bei der gesamten Kollektion das Moment des Verfremdens. Die bekannten Faltbilder des Tests werden nicht einfach übernommen, sondern weiterentwickelt.

Der symmetrische Tintenklecksumriss wird bei den beiden leichten Stoffstiefeln aus Nylon (Abb. 67., 68.) *entweder aufgedruckt oder in ausgeschnittenem Lederdekor appliziert. Es entsteht ein spannendes Zusammenspiel zwischen dem dekorativen Element des Klecks' und der Behäbigkeit des Stiefels.*

Die Sandale (Abb. 66.) *besteht aus gegerbtem Kalbsleder. Der ausgeschnittene Tintenfleck glänzt auf der Oberfläche schwarz und bestimmt die Formgebung. Die milchweissen, blassroten oder lehmfarbenen Pumps* (Abb.

psychologie. Anita Moser a pris ces «tachographies» comme point de départ de sa collection. Pour l'ensemble de celle-ci, ce qui apparaît important, c'est le moment de la distanciation. Les feuilles pliées en deux, telles qu'on les connaît dans le test de Rorschach, ne sont pas simplement reprises, elles sont perfectionnées.

La découpe symétrique de la tache d'encre, sur les deux paires de bottes légères en nylon (ill. 67., 68.) *est soit imprimée, soit appliquée sous forme de décoration découpée dans du cuir. Il en naît un jeu d'interaction passionnant entre l'élément décoratif de la tache et le côté pesant de la botte.*

La sandale (ill. 66.) *est faite de cuir de veau tanné. La tache d'encre découpée brille, noire,*

tion. She does not simply borrow the famous folding images used in the test, she develops them.

The symmetrical inkblot outline is printed or appliquéd as a cut-out leather pattern (fig. 67., 68.) *onto both light nylon fabric boots, which makes for an exciting interplay between the decorative element of the blot and the stoutness of the boot.*

The sandal (fig. 66.) *is made of tanned cow leather. The black shine of the cut-out inkblot and determines the shape. The milk-white, pale red and clay-coloured pumps* (fig. 63.–65.) *fool the eye of their beholder. At first, you are confused because the surface seems to recreate a plaster cast. However, the pumps have a string decoration that can be made out under*

66.
Damensandale
Rorschach small blot
Sandale aus ausgeschnittenem
Kalbslackleder
mit Plateau

66.

67., 68.
Damenstiefel
Rorschach big blot 2
Polyamid mit Dekoration
aus ausgeschnittenem
Kalbslackleder

67.

68.

Verkauf
sales@anitamoser.ch
Die Kollektion wird für Sommer
2009 produziert werden
Verkaufspreis noch nicht
festgelegt

d.

63.–65.) *spielen ebenfalls mit dem Auge des Betrachters. Auf den ersten Blick ist man verwirrt, scheint die Oberfläche doch einem Gipsabguss nachempfunden zu sein.*

Die Pumps haben jedoch eine Kordeldekoration, welche sich unter dem feinen Nappaleder abzeichnet. Eine doppelte Ledersohle, etwas zurückversetzt, lässt die Schuhe nahezu über dem Boden schweben. Es sind Schuhe, die nicht kalt lassen. Sie fordern heraus und verändern die Gangart der Trägerin.

Ausgezeichnet wurde nicht nur die Kollektion von Anita Moser. Ebenso honoriert wurde die Vorgehensweise, wie sie ihr Label aufgebaut und positioniert hat. PC

f.

à sa surface, et en détermine la forme. Les escarpins blanc laiteux, rouge pâle ou argile (ill. 63.–65.) *jouent également avec l'œil du spectateur. Au premier regard, on est troublé, la surface a l'apparence d'un moulage en plâtre. Les escarpins comportent cependant une décoration en forme de cordon, qui se dessine sous la fine couche de cuir souple. Une double semelle de cuir, un peu rétro, fait presque flotter la chaussure au-dessus du sol. Ce sont des créations qui ne laissent pas indifférent. Elles provoquent, et modifient la démarche de celle qui les porte.*

Ce qu'on a distingué, ce n'est pas seulement la collection d'Anita Moser. On a honoré tout autant la façon dont elle a créé et imposé son label. PC

e.

the fine nappa leather. A double leather sole, slightly shifted back, creates an impression of the shoes floating above the ground. These are shoes that will not leave you cold. They challenge you and change the wearer's gait.

The award was not just for Anita Moser's collection. The honour extends to the way in which she has built and positioned her label. PC

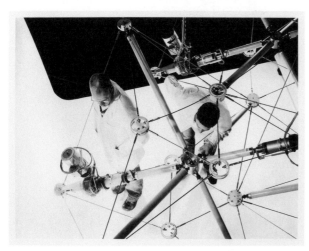

70.

69.

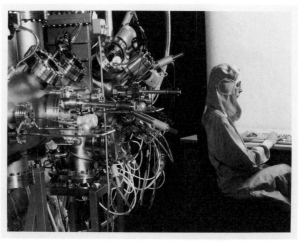

71.

Qu'est-ce qui a été primé?
EPFL
Une série de photographies
moyen format, dos numérique
2007

Präzis und kühl inszeniert — *Beauftragt vom Grafikbüro Gavillet & Rust erstellte Olivier Pasqual eine Serie von Fotografien über die Ecole Polytechnique Fédérale de Lausanne (EPFL).*

Die Bilder zeigen komplizierte Maschinenkonstrukte und Menschen in Schutzanzügen und weissen Kitteln, die in Computer blicken, Maschinen bedienen oder mit Materialproben beschäftigt sind. Die Fotografien liefern keine genauen Aussagen darüber, was experimentiert und untersucht wird; im Gegenteil: Zwischen künstlicher Inszenierung und sachlicher Reportage schwankend, erinnern die teils überhöhten Laborszenen ein

Une mise en scène précise et froide — *Sur commande du bureau de graphistes Gavillet & Rust, Olivier Pasqual a réalisé une série de photographies consacrées à l'Ecole Polytechnique Fédérale de Lausanne (EPFL)→ 36.*

Les images montrent des machineries compliquées et des humains en combinaisons de protection et en blouses blanches, qui observent des ordinateurs, font marcher des machines ou sont occupés à des expériences sur des matériaux. Les photographies ne nous donnent aucun renseignement précis sur ce qui est expérimenté ou exploré. Au contraire: balançant entre la mise en scène → 46 artificielle et le reportage factuel, ces scènes de la-

Precisely and coolly staged — *Olivier Pasqual created a series of photographs of the Ecole Polytechnique Fédérale de Lausanne (EPFL), commissioned by the Gavillet & Rust graphic design practice.*

The photographs show complex machine constructs and people in protective clothing and white overalls, staring at computers, operating machines or busying themselves with material samples. The photos give no clear indication of what is being experimented with and tested; on the contrary, they fluctuate between artificial staging and realistic reportage and so the sometimes over-egged lab scenes are reminiscent of scary scenes from science

73.

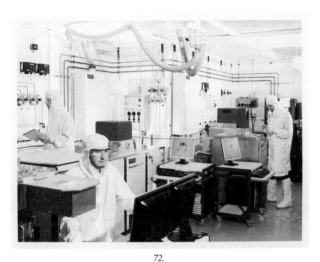

72.

69., 71., 72., 73., 76.
Tirages Lambda sur papier satiné
contrecollé sur aluminium
66 x 86 cm

70., 74., 75.
Tirages Lambda
sur papier semi-mat
41 x 31,5 cm

74.

75.

d.

bisschen an unheimliche Szenen aus Science-Fiction-Filmen. *Die Künstlichkeit des Ortes wird gekonnt ins Bild gesetzt und die Menschen wirken zwischen den Geräten wie Marionetten. Die weisse Papierrolle, wie sie Fotografen im Studio für einen neutralen Hintergrund verwenden, liefert dabei einen mehr oder weniger versteckten Hinweis auf die fotografische Inszenierung* (Abb. 69., 70., 74.).

Das Ziel von Olivier Pasqual, eine Bildserie zwischen Fiktion und Dokument zu erstellen, ist sehr gut gelungen, ebenso das Schaffen und Abbilden einer oberflächlich technisch perfekten aber unterschwellig unheimlichen Atmosphäre. Eigentlich weiss man nie genau,

f.

boratoire, parfois emphatiques, évoquent un peu ces séquences inquiétantes qu'on voit dans les films de science-fiction → Fiction. *Le caractère artificiel du lieu est habilement mis en images, et les êtres humains, parmi ces instruments, ont des allures de marionnettes. Le panneau déroulant de papier blanc, semblable à celui que les photographes utilisent en studio pour créer un fond neutre, indique d'une manière plus ou moins détournée qu'il s'agit d'une mise en scène photographique* (ill. 69., 70., 74.).

Le but d'Olivier Pasqual – réaliser une série d'images entre fiction et documentaire – est parfaitement atteint, de même que la créa-

e.

fiction movies. *The artificiality of the location is skilfully staged and the people seem like puppets among the machines. The white paper roll, as used by photographers for neutral backgrounds in the studio, is a more or less hidden clue to the photographic staging* (fig. 69., 70., 74.).

Oliver Pasqual achieved his aim of creating a series of images located between fiction and report, as well as creating and depicting a technically perfect but subliminally eerie atmosphere. One never really knows what is being examined, tested and produced in these labs. Even though this work was commissioned, this ambivalence has been skilfully

111

Pasqual Olivier → 49

76.

77.

77., 78., 79.
*Tirages Lambda
sur papier semi-mat
31,5 x 41 cm*

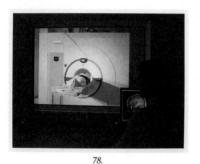

78.

79.

Vente
*info@olivierpasqual.ch
Prix de vente sur demande*

d.

was in diesen Labors alles untersucht, getestet und hergestellt wird. Diese Ambivalenz wurde, obwohl es sich um eine Auftragsarbeit handelt, gekonnt ins Bild gebracht.

Die Arbeit beeindruckt durch das intensive Verstärken der künstlichen Atmosphäre, die präzise, kühl kalkulierte Inszenierung und das gekonnte Spielen mit Referenzen traditioneller Fotografiegenres. AM

f.

tion et la restitution d'une atmosphère qui, au niveau superficiel et technique, exprime la perfection, mais qui, souterrainement, a quelque chose d'inquiétant. On ne sait jamais vraiment ce qui peut bien être recherché, testé et produit dans ce laboratoire. Cette ambivalence → 30, bien qu'il s'agisse d'un travail de commande, a été très adroitement mise en images.

Ce travail impressionne par sa manière d'intensifier puissamment une atmosphère artificielle, par sa mise en scène précise, froidement calculée, et par son jeu habile avec les références d'un genre photographique traditionnel. AM

e.

staged. The work is so persuasive because of the way it intensifies the artificial atmosphere, its precise, coolly calculated staging and its skilful games with references to traditional photographic genres. AM

80 a.

80 b.

80 c.

80 d.

80 e.

80.
Arosa: Die Moderne in den
Bergen
30 x 20 cm, 296 Seiten
ISBN: 978-3-85676-214-8

81.
Poster, in Buch eingelegt
87,3 x 56,4 cm

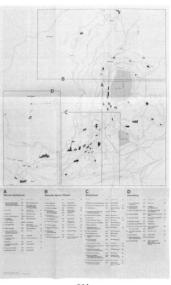

81 a.

81 b.

Was wurde prämiert?
Sieben Publikationen
2007

Auf den Punkt gebracht — *Zum zweiten Mal in Folge erhalten die Arbeiten des Ateliers für visuelle Kommunikation →57 «Prill & Vieceli» den Zuschlag der Jury. Die Jan-Tschichold-Preisträger →41 2007 verstehen ihr Handwerk und zeichnen sich durch ein ausserordentliches Gespür für thematische Besonderheiten aus. Jede Publikation hat ihren individuellen Charakter und die Gestaltung →39 wird Mal für Mal passgenau auf den Inhalt abgestimmt: Vom Format über die typografische Ausfüh-*

Au cœur du sujet — *Pour la deuxième fois de suite, les travaux de l'atelier de communication visuelle «Prill & Vieceli» sont distingués par le jury. Les lauréats du Prix Jan-Tschichold →51 2007 se distinguent par un sens exceptionnel des singularités thématiques. Telle est leur façon de comprendre leur métier. Chaque publication possède son caractère individuel, et sa mise en forme, à chaque fois, est exactement adaptée au contenu: du format jusqu'à la présentation des images, en passant*

To the Point — *For the second time in a row, the jury have decided to honour the work coming from the "Prill & Vieceli" visual communication studio; they also won the Jan Tschichold Prize →41 in 2007. They understand their craft and have acquired an extraordinary feel for thematic peculiarities. Each and every publication has got its own individual character, and the design is adapted every time so as to be perfectly suited to the content: from format to typographical execu-*

Prill & Vieceli: Prill Tania →50, Vieceli Alberto →57

82 a.   82 b.   82 c.

82.
Nele Stecher:
Die Organisation der Liebe
24 x 16 cm, 112 Seiten
Hrsg. Museum zu Allerheiligen
Schaffhausen

83.
Elisabeth J. Stirnimann:
Eine zornige Blume will ich sein
21 x 12,6 cm, 200 Seiten
ISBN: 978-3-9522770-2-7

83 a.   83 b.

84 a.   84 b.   84 c.

84.
Die Mitte des Volkes
28,5 x 21 cm, 200 Seiten
ISBN: 978-3-905509-65-6

d.

rung → 56 bis hin zur Bildpräsentation wird für jedes einzelne Buch seine ihm eigene Ausdrucksweise gesucht. Die beiden Zürcher Grafiker beherrschen auf gleiche Weise die klassische Buchgestaltung wie das Spiel mit gestalterischen Trends, haben aber immer auch ein Ohr für Spezialwünsche seitens der Auftraggeber. In diesem Sinn reanimiert «Arosa» (Abb. 80.) als klassisch gestaltetes Sachbuch im Redesign Look die Idee der Moderne, welche die 1920er- und 1930er-Jahre

f.

par la réalisation typographique, les graphistes zurichois vont chercher, pour chaque ouvrage, un mode d'expression qui lui soit propre. Ils maîtrisent aussi bien l'art classique du livre que le jeu avec les modes formelles, mais ils prêtent toujours une oreille attentive aux vœux individuels de leurs commanditaires. Dans cet esprit, «Arosa» (ill. 80.), un ouvrage à la composition classique, dans un look redesign, redonne vie à l'idée de modernité qui régnait, au cours des années 1920 et 1930,

e.

tion to visual presentation, every book is given its own language. Those two graphic designers from Zurich are equally versed in traditional book design as well as design trends, but they're never deaf to special requests from the client. All of these qualities are apparent in "Arosa" (fig 80.), which, as a traditionally designed nonfiction book with a Redesign look, resurrects the idea of modernism that characterised chic 1920s and 30s health resorts, and "Die Mitte des Volkes" (fig. 84.), a picture and report book,

114

85 a.   *85 b.*

85 c.   *85 d.*

85.
David Willen: Fluchten
23 x 31 cm, 128 Seiten
ISBN: 978-37165-1484-9

85 e.

d.

den Kurort mit mondäner Ausstrahlung prägte, und der an der diesjährigen Leipziger Buchmesse auch international ausgezeichnete Bild- und Reportageband «Die Mitte des Volkes» (Abb. 84.) präsentiert das Inhaltsverzeichnis direkt auf dem Umschlag. Die thematische Bandbreite ist enorm. Künstlermonografien → 46 über Nele Stecher (Abb. 82.) oder David Willen → 58 (Abb. 85.) zeugen ebenso von der gestalterischen Büchervielfalt wie eine Hommage an das traditionsreiche

f.

dans ce lieu de cure renommé et mondain. Le volume de photographies et de reportages «Die Mitte des Volkes» (ill. 84.) également distingué cette année sur un plan international à la Foire du livre de Leipzig, présente sa table des matières directement sur la couverture. La variété thématique est énorme. Les monographies d'artistes, sur Nele Stecher (ill. 82.) ou David Willen (ill. 85.) témoignent de la diversité des livres réalisés, tout autant qu'un hommage au stade du Letzigrund, chargé

e.

internationally acclaimed at this year's Leipzig Book Fair, shows its table of contents on the cover. The thematic breadth is enormous. Artist monographs on Nele Stecher (fig. 82.) or David Willen (fig. 85.) also attest to the creative diversity of their books as well as a tribute to the historical Letzigrund stadium (fig. 86.) or the poetry volume "Eine zornige Blume will ich sein" (fig. 83.) by author Elisabeth J. Stirnimann. To Tania Prill and Alberto Vieceli it is not the recognisability of their personal style

115

Prill & Vieceli: Prill Tania → 50, Vieceli Alberto → 57

86.
Stadion Letzigrund Zürich
*25 x 20 cm, Teil 1: 136 Seiten
Teil 2: 56 Seiten
ISBN: 978-3-85676-215-5*

86a.   *86b.*

86c.   *86d.*   *86e.*

86f.   *86g.*

87.
Grüezi
*29 x 20,2 cm, 352 Seiten
ISBN: 978-3-906729-28-2*

87a.   *87b.*

d.

Letzigrund Stadion → 44 (Abb. 86.) oder der Gedichtband «Eine zornige Blume will ich sein» (Abb. 83.) der Autorin Elisabeth J. Stirnimann → 54. Bei Tania Prill und Alberto Vieceli steht nicht die Wiedererkennbarkeit ihres persönlichen Stils im Zentrum der Aufmerksamkeit, sondern die Gestaltung am und mit dem Inhalt. Mit Sorgfalt und Präzision und einer Fülle an zündenden Ideen wird jedes Buch zum formschönen Objekt, das man gerne griffbereit auf dem Salontisch liegen lässt. EH

f.

d'histoire (ill. 86.), ou le recueil de poèmes «Eine zornige Blume will ich sein» (ill. 83.) d'Elisabeth J. Stirnimann. Chez Tania Prill et Alberto Vieceli, ce qui compte d'abord n'est pas qu'on puisse reconnaître leur style personnel, c'est de mettre en forme un contenu dont on tient compte en tant que tel. Avec soin et précision, avec une foison d'idées brillantes, chacun de leurs livres devient un objet → Objet fonctionnel splendide, que l'on aime à déposer sur la table du salon, à portée de la main. EH

e.

that matters the most, but how they can make the design → 35 address the content and interact with it. With care and precision and a wealth of exciting ideas, every book becomes a formally beautiful object that you don't mind leaving in full view on the coffee table. EH

116

R–U

Tafeln
Planches
Boards

88 a.   *88 b.*

88.
Moderne Mythen:
Strange shapes of things (that fly)
31,5 x 21 cm, 186 Seiten
Digitaldruck, Klebebindung

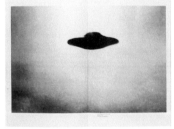

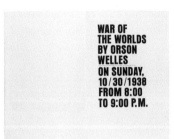

88 c.   *88 d.*   *88 e.*

88 f.   *88 g.*

Was wurde prämiert?
Moderne Mythen:
Strange shapes of things (that fly)
Diplomarbeit
2007

Die fliegende Untertasse und andere moderne Mythen — Unter dem Titel «Strange shapes of things [that fly]» präsentiert Katja Naima Schalcher ihre Diplomarbeit in Form von zwei gebundenen Publikationen, die im Jahre 2007 an der Zürcher Hochschule der Künste (ZHdK) entstanden sind.

Im Mittelpunkt der sehr aufwändig gestalteten Arbeit stehen moderne Mythen → 47 und Verschwörungstheorien. Exemplarisch wird deren Erscheinungsformen und Wesensarten anhand des Ufo-Mythos → 56 nachgegangen. Das sorgfältig zusammengetragene Archiv über unbekannte Flugobjekte der Baslerin Lou Zinsstag → 59 ist der Ausgangspunkt der Recherche. Augenzeugenberichte,

La soucoupe volante et autres mythes modernes — Sous le titre «Strange shapes of things [that fly]», Katja Naima Schalcher présente son travail de diplôme. Il s'agit de deux publications conjointes, réalisées en 2007 à la Zürcher Hochschule der Künste (ZHdK).

Au cœur de ce travail élaboré avec le plus grand soin, se trouvent les mythes modernes et les théories du complot. Leurs modes d'apparition et leurs caractères distinctifs sont étudiés de manière exemplaire, à partir du mythe des ovnis. Le point de départ de la recherche, ce sont des archives sur les objets volants non identifiés, soigneusement rassemblées par la Bâloise Lou Zinsstag. Des récits de témoins oculaires, des articles de journaux et des illus-

The flying saucer and other modern myths — Under the title of "Strange shapes of things (that fly)" Katja Naima Schalcher presents her diploma work in the form of two bound publications created in 2007 at the Zürcher Hochschule der Künste (ZHdK).

The main elements of this very elaborately designed work are modern myths and conspiracy theories. She uses the UFO myth as a tool for researching the origins and nature of these myths and theories. Lou Zinsstag, of Basel, has carefully compiled an archive of unknown flying objects and this provides the starting point for the research. Eye-witness accounts, newspaper articles and pictures document the numerous stories of eerie sightings

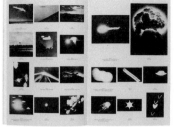

88 h.   88 i.

88 j.   88 k.   88 l.

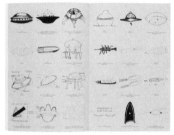

88 m.   88 n.

88 o.

d.

Zeitungsartikel und Abbildungen belegen die zahlreichen Geschichten der unheimlichen Sichtungen seit den 1940er-Jahren. Dokumentiert sind Objekte von der klassischen Untertasse über unerklärliche Leuchtkugelkonstellationen bis hin zur fliegenden Kartoffel.

Die grafische Gestaltung bringt die Archivdokumente in ihrer materiellen Beschaffenheit zur Geltung. Alte Fotografien, Zeitungsartikel, Zeichnungen, aufgezeichnete Interviews mit Augenzeugen, Schreibmaschinenbriefe und Handnotizen werden in der Form, wie sie aufgefunden wurden, abgebildet (Abb. 88.).

Katja Naima Schalcher ist es sehr gut gelungen, ein vorhandenes Archiv zu visualisieren, das Thema mit aktuellen Reflektionen

f.

trations étayent de nombreuses histoires d'apparitions inquiétantes, depuis les années quarante. Les objets documentés vont de la classique soucoupe jusqu'à la pomme-de-terre volante, en passant par les constellations de sphères lumineuses inexplicables.

La réalisation graphique met en valeur les documents d'archives dans leur matérialité. De vieilles photographies, des articles de journaux, des dessins, des interviews enregistrées de témoins oculaires, des lettres tapées à la machine, des notes manuscrites sont reproduites sous la forme où elles ont été trouvées (ill. 88.).

Katja Naima Schalcher a très bien su donner à voir des archives préexistantes, tout en

e.

since the 1940s, featuring objects ranging from the classic saucer via inexplicable flare constellations to the flying potato.

The graphic design underlines the material character of the archive documents. Old photographs, newspaper articles, drawings, recorded interviews with eye witnesses, typewritten letters or handwritten notes are pictured as they were found (fig. 88.).

Katja Naima Schalcher has successfully made an existing archive visually powerful, complementing the topic with current reflections and information and presenting parts of the archive in a new, concentrated order.

The publication with the varied page design that reveals all kinds of extraterrestrial

120

Schalcher Katja Naima → 53

89a.

89.
Poster
59,4 x 42 cm
Offset, einfarbig mit
Farbwechsel

89b.

d.

und Informationen zu ergänzen und Teile des Archivs in neuer, konzentrierter Ordnung zu präsentieren.

Die Publikation weiss mit sehr abwechslungsreich gestalteten Seiten zu packen, auf denen es allerlei ausserirdische Kuriositäten zu entdecken gibt. Mit den im Verlauf der Publikation immer mehr aufgeblasenen Ufobildern wird der typische Entwicklungsprozess moderner Mythen visualisiert. Analog dazu nimmt die beklemmende Verschwörungsthematik von Seite zu Seite mehr Raum ein und zieht den Leser unausweichlich in seinen Bann. AM

f.

complétant le thème à l'aide de réflexions et d'informations actuelles, et en présentant certains éléments d'archives dans un ordre nouveau, concentré.

La publication parvient à nous captiver grâce à des pages dont la mise en forme est très diversifiée, qui nous permettent de découvrir toutes sortes de curiosités extraterrestres. Avec des images d'ovnis qui se gonflent de plus en plus au fur et à mesure que l'ouvrage progresse, on visualise le processus de développement caractéristique des mythes modernes. D'une manière analogue, la thématique oppressante du complot prend une place croissante au fil des pages, et fascine irrésistiblement le lecteur. AM

e.

trivia is captivating. Modern myths' typical development process is lent visual force in the course of the publication by increasingly blown up UFO pictures. By analogy with this, the nightmarish conspiracy topic takes up more space from page to page and inevitably captures the reader. AM

121

90.
Ghettoblaster
37 x 63 x 18 cm

Kassette
Spielzeit: 2 x 30 min.

91.
Poster
128 x 89,5 cm
Graduation for
par-ty-ing

91.

Was wurde prämiert?
Rap History
Eine Serie aus Postern, Fanzines,
Kassetten und Streams
für über 30 Veranstaltungen
2004

www.raphistory.net
Stream: 4h 30 min.

Endlich ist Rap Geschichte — *Mit «Rap History», einem zu gleichen Teilen ambitionierten wie konzentrierten Projekt, macht Ivan Sterzinger eines der wichtigsten kulturellen Phänomene der jüngeren Zeit erlebbar.*

Mit dem Ziel, die Fangemeinde und die breite Masse der Unwissenden so präzise wie möglich über die Musik und ihre kulturellen Hintergründe zu informieren, stellt der Macher auf der Internetplattform www.raphistory. net eine Menge Informationen über die traditionsreiche Musikkultur zur Verfügung.

Mittlerweile ist eine stattliche Liste zusammengekommen: 2440 Rap Records von 2126 Musikern und 769 Labels, eine Genese des Raps →51 vom Ursprung (1979) bis in die Gegenwart (2007).

Enfin, le rap a une histoire — *Avec «Rap History», un projet aussi dense qu'ambitieux, Ivan Sterzinger nous permet de vivre un des phénomènes culturels les plus importants de ces dernières années.*

Ce travail se donne pour but d'informer, le plus précisément possible, sur la musique et ses arrière-plans culturels, la communauté des fans et la grande masse des ignorants. Son auteur met à disposition, sur la plateforme internet www.raphistory.net une foule d'informations sur cette culture musicale chargée d'histoire.

Au fil du temps, les œuvres se sont accumulées en une liste imposante: 2440 enregistrements de rap, réalisés par 2126 musiciens et 769 labels. Une genèse du rap depuis les

Rap is finally a part of history — *With "Rap History", a project that is at the same time ambitious and focussed, Ivan Sterzinger opens one of the most important cultural phenomena of recent times up to direct experience.*

Aiming to inform the fans and the mass of ignoramuses about the music and its cultural background as accurately as possible, the author of the website provides plenty of information about the well-established music culture on the internet platform www. raphistory.net.

It has now grown into quite a remarkable list: 2240 rap records by 2126 different artists and 769 labels →43, a genesis of rap from its beginnings (1979) to the present (2007). Ivan Sterzinger, aka DJ CEO Müller, is more

92.

93.

94.

95.

96.

97.

92.–97.
Poster und Flyer Serie
128 x 89,5 cm
21 x 14,9 cm

d.

*Doch mehr als das Streben nach einer mög-
lichst vollständigen Liste aller je veröffent-
lichten Rap-Platten interessiert Ivan Sterzinger, alias DJ CEO Müller, die Musik. Sein
eigentliches Medium ist die Party. Aus diesem Grund öffnete er zusammen mit Klemens Wempe im Zürcher Club «Helsinki»
über 30 Mal die Pforten der «University of
Helsinki». DJ's werden zu Professoren, For-
schern oder Spezialisten und die eigens her-
gestellten Kassetten, Plakate und Fanzines
zu Unterrichtsmaterial.*

*Herausragend ist der visuelle Auftritt: Auf
eindrückliche Art und Weise ist es dem Projektleiter und Grafiker gelungen, den schier
unüberschaubaren Facettenreichtum einer
ganzen Musikströmung zu kanonisieren. Die*

f.

*origines (1979) jusqu'à nos jours (2007).
Mais plus que l'effort de dresser une liste aussi complète que possible de tous les disques
de rap jamais publiés, ce qui intéresse Ivan
Sterzinger, alias DJ CEO Müller, c'est la musique. Son média à lui, c'est la soirée musicale.
Voilà pourquoi il a ouvert plus de trente fois,
avec Klemens Wempe, au club zurichois
«Helsinki», les portes de l'«University of Helsinki». Les DJ s'y muent en professeurs, cher-
cheurs et spécialistes, et les cassettes, affiches
et fanzines produits pour l'occasion deviennent autant de matériels d'enseignement.*

*L'aspect visuel de l'ensemble est remar-
quable: c'est d'une manière saisissante que
ce directeur du projet et graphiste a réussi à
donner ses lettres de noblesse à tout un riche*

e.

*interested in the music itself than in compiling
the most comprehensive list possible of
all rap records ever released. His actual medium is the party. Together with Klemens
Wempe, he therefore opened the doors to the
"University of Helsinki" in the Zurich based
club "Helsinki" more than 30 times. DJs become professors, researchers or specialists
and the specially produced tapes, posters and
fanzines → 37 become teaching material. The
visual appearance is outstanding: it is impressive how this project manager and graphic
designer has managed to canonise the almost
unmanageable diversity of a music genre. The
concise and memorable language he has
found reflects itself in particular in the sym-
bolic condensation of the record company's*

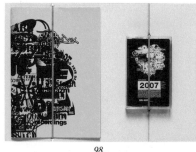

98.
Kartei aus der Archivbox

99 a.   99 b.   99 c.

99.
Fanzine
19,5 x 14,5 cm, 32 Seiten

99 d.

d.

prägnante und einprägsame Formulierung spiegelt sich insbesondere in der sinnbildlichen Verdichtung der übereinander gelegten Markenzeichen der Plattenfirmen.

Jahr für Jahr sind die Neuerscheinungen wahrnehmbar und die bestehenden Labels übereinander gelegt. Ein Kondensat, das durch prägnante Textfragmente aus den Liedtexten ergänzt wird und unverwechselbar in der Erinnerung haften bleibt. In diesem Sinne ist «Rap History» viel mehr als nur ein dekoratives Event-Design → 37.

«Rap History» ist ein gut geschnürtes Edutainment-Paket, welches die musikalische Erziehung überraschend ungezwungen erfahrbar macht. *EH*

f.

courant musical, dont les facettes sont tout simplement innombrables. Sa manière concise et frappante de présenter les choses se manifeste en particulier dans le concentré symbolique des logos de firmes de disque, empilés les uns sur les autres.

Année après année, les nouveautés sont repérables tandis que les labels existants s'entassent et se recouvrent. Un précis complété par des fragments remarquables de textes de chansons, qui reste gravé dans la mémoire.

Dans cet esprit, «Rap History» est beaucoup plus qu'un événement-design décoratif: c'est un paquet de jeux éducatifs bien ficelé, qui permet de vivre l'éducation musicale avec une surprenante liberté. *EH*

e.

logos laid on top of one another. You can get a feel for the new releases year after year and the existing labels are placed on top of each other. This produces a condensate complemented by concise text fragments of songs that stick in your mind. "Rap History" is therefore far more than just decorative event design.

"Rap History" is a well-rounded edutainment package that opens musical education up to direct experience, without making too much of an effort. *EH*

100.
Album
22,5 x 15 cm, 326 Seiten
ISBN: 978-3-905770-70-4
→ 90 Aude Lehmann

100.

101 a. *101 b.* *101 c.*

101 d. *101 e.*

101.
Bekanntmachungen
25 x 16 cm, 256 Seiten mit DVD
ISBN: 978-3-905701-84-5

101 f.

Was wurde prämiert?
Sieben Publikationen
2004–2007

Regelsinn und Ordnungsbruch — *Sieben facettenreiche Publikationen hat Lex Trüb für den diesjährigen Wettbewerb eingereicht; die Ausbeute der letzten vier Jahre. Die Bücher sind nicht nur schön anzuschauen, sondern erlauben auch einen Einblick in die Arbeitsmethodik. Das Weiterentwickeln von gefundenen Strukturen, das Reagieren auf Widerstände und das Suchen von passgenauen Lösungsansätzen zeichnen die Arbeitsweise des Grafikers ebenso aus wie die totale Hingabe an die typografischen Details → 56.*

Als Kondensat seiner dreijährigen Tätigkeit für das Schauspielhaus Zürich steht

Sens de la règle et rupture de l'ordre — *Pour le concours de cette année, Lex Trüb a présenté sept publications aux facettes multiples; le fruit de son labeur des quatre dernières années. Ses livres ne sont pas seulement beaux à regarder, ils nous ouvrent aussi une perspective sur sa méthode de travail. On voit comment il développe les structures qu'il a conçues, comment il réagit aux oppositions qu'elles peuvent susciter et comment il cherche à esquisser des solutions adaptées. Autant de caractéristiques de la méthode de ce graphiste, comme du soin extrême qu'il voue aux détails typographiques.*

Sense of Order and Breaking the Order — *Lex Trüb submitted seven multifaceted publications for this year's competition; the result of the last four years. The books aren't just beautiful to look at, but they also give the reader an insight into the working method. Trüb takes structures he's found and develops them further, reacts to resistance and searches for solutions that fit the bill: this is what characterises this graphic designer's working methods, as well as his unflinching commitment to typographic details.*

Exemplifying the work he did over three years for the Schauspielhaus Zürich is "O.T.

102 a.

102 b.

102 c.

102.
Marc Camille Chaimowicz:
The World of Interiors
26,5 x 21 cm, 232 Seiten
ISBN: 978-3-905701-67-8

103 a.

103 b.

103 c.

103 d.

103 e.

103 f.

103.
Cneai = neuf ans
30 x 21 cm, 376 Seiten
ISBN: 2-912483-49-2

d.

«O.T. Ein Ersatzbuch» (Abb. 105.). *Als Grundstruktur für die Rückschau dient die chronologische Aneinanderreihung von Fotografien typischer Bühnensituationen. Konfrontiert mit je einer Bildseite aus der Pendlerzeitung «20 Minuten» werden vier Jahre Theater unter der künstlerischen Leitung von Christoph Marthaler auf einzigartige Weise in einem öffentlichaktuellen Referenzraum wahrnehmbar.*

Maximale Klarheit bei grosser Heterogenität bietet auch «Bekanntmachungen» (Abb. 101.), *ein Ausstellungskatalog, welcher das umfangreiche Bild- und Textmaterial der Ausstellung «20 Jahre Studiengang Bildende*

f.

«O.T. Ein Ersatzbuch» (ill. 105.) *résume ses trois années d'activité pour le Schauspielhaus de Zurich.*

La structure de base de cette rétrospective, c'est la disposition chronologique de photographies de scènes théâtrales caractéristiques. Confrontées à chaque fois avec une image tirée du quotidien gratuit «20 minutes», quatre années de théâtre sous la direction artistique de Christoph Marthaler sont données à voir d'une manière singulière, dans un espace de référence actuel et public.

De même, «Bekanntmachungen» (ill. 101.) *offre une clarté maximale malgré sa grande*

e.

Ein Ersatzbuch" (fig. 105.). *The basic structure for the retrospective is the chronological lining up of photographs of typical stage situations. Each is juxtaposed with a page from the free commuter paper "20 Minuten", thus retracting four years under the artistic direction of Christoph Marthaler so that they can be understood in a unique manner, in a public and current framework.*

Maximum clarity coupled with a large degree of heterogeneity is also on offer in "Bekanntmachungen" (fig. 101.), *an exhibition catalogue archiving the extensive pictorial and textual material of the "20 Jahre Studien-*

104 a.   *104 b.*   *104 c.*

104 d.   *104 e.*

104 f.

104.
Peter Saville: Estate
27 x 21 cm, 272 Seiten
ISBN: 978-3-905701-66-1

d.

Kunst SBK der Hochschule für Gestaltung und Kunst Zürich» in der Kunsthalle Zürich archiviert und «Cneai=neuf ans» (Abb. 103), eine Dokumentation, welche die Aktivitäten und Publikationen der letzten neun Jahre der Pariser Kunstinstitution Cneai umfasst. Gerade bei solchen Mammutprojekten, die eine Menge Zeit, Einsatz und Energie benötigen, versteht es Trüb aufs Vortrefflichste, eine Unmenge an Materialien und Ideen in einer kohärenten Grundstruktur unterzubringen, die zwar schnell erkannt und gelesen werden kann, aber immer wieder – wunderbar irritierend – durch leere Seiten oder kleine Regel-

f.

hétérogénéité. Il s'agit d'un catalogue d'exposition qui archive le riche matériau iconographique et textuel de l'exposition «20 Jahre Studiengang Bildende Kunst SBK der Hochschule für Gestaltung und Kunst Zürich», à la Kunsthalle de Zurich.

De même encore, «Cneai=neuf ans» (ill. 103), une documentation qui embrasse les activités et les publications des neuf dernières années du Cneai → 32, l'institution artistique parisienne. C'est précisément avec ce genre de projets mammouth, qui nécessitent une grande quantité de temps, d'engagement et d'énergie, que Trüb parvient de la manière la

e.

gang Bildende Kunst SBK der Hochschule für Gestaltung und Kunst Zürich" ("20 years of the fine arts degree course at Zurich's Academy of Art and Design") at the Kunsthalle Zürich and "Cneai=neuf ans" (fig. 103), a documentary that encompasses the activities and publications of Paris art institution Cneai over the last nine years. Especially with such large projects requiring a lot of time, commitment and energy, Trüb manages to frame a wealth of materials and ideas perfectly within a coherent basic structure that, while it is easily recognisable and read, is constantly – in wonderfully irritating manner – undermined

105 a.   105 b.

105 c.   105 d.   105 e.

105.
O.T. Ein Ersatzbuch
31,6 x 23,5 cm, 256 Seiten
ISBN: 978-3-89408-090-7

105 f.

106.
Massstab 1:1
Architektur im Selbstversuch
30 x 22 cm, 80 Seiten
Hrsg. Kunsthaus
Mürz (A)

106 a.   106 b.

d.

abweichungen aufgebrochen wird. Trifft der trickreiche Gestalter auf Grössen wie Peter Saville → 53 oder Marc Camille Chaimowicz → 32, ist der gestalterische Höhenflug nur noch Formsache.

Die Jury zieht ob der ausserordentlichen Leistungen und der geballten Ladung Kreativität beeindruckt den Hut: Chapeau! *EH*

f.

plus remarquable à insérer dans une structure hautement cohérente une masse énorme de matériaux et d'idées. Sans doute, tout cela peut se découvrir et se lire très vite, mais à chaque fois, d'une manière merveilleusement dérangeante, ce flux est interrompu par des pages blanches ou par de petites dérogations aux règles. Si ce brillant graphiste est confronté à de grands noms comme Peter Saville ou Marc Camille Chaimowicz, son envolée créatrice est à chaque fois garantie.

Le jury, impressionné par ses prestations exceptionnelles et par sa créativité débordante, n'a qu'un mot: chapeau! *EH*

e.

with blank pages or small deviations from the rules. When this resourceful designer meets greats such as Peter Saville or Marc Camille Chaimowicz a creative high is the natural consequence.

The impressed jury take their hats off to the extraordinary achievements and wealth of creativity on show. *EH*

107a.   *107b.*   *108.*

108.
Stilted
Sautoir
Collier en sagex trempé dans
un bain de silicone

107.
Necklace in 3 parts
Sautoir
Silicone, découpé au laser

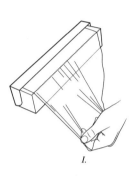

I.

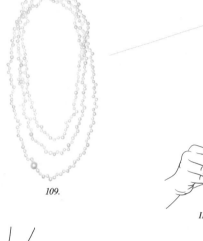

109.

IV.

III.

II.

Qu'est-ce qui a été primé?
Perles génériques
Une collection de bijoux
2006

109.
Cellophane pearls
Sautoir
Cellophane

Sein und Schein — *Die prämierten Arbeiten von Julie Usel kreisen alle um das Thema «Perle», «Perlenkette». Intelligent fächert sie die verschiedenen herkömmlichen Konnotationen der Perlenkette – bürgerliches Statussymbol, klassischer Frauenschmuck, Sein und Schein – auf und unterläuft diese gleichzeitig, indem sie mit Materialien und Techniken experimentiert, welche so augenfällig nicht zu diesem Bild passen wollen.*

Von weitem sieht sie aus wie eine echte Perlenkette. Berührt man sie, erschrickt man ob der ungewohnten Haptik: Man hält eine schwerelose Kette aus geformten Cellophanperlen in den Händen (Abb. 109.). Die Machart suggeriert auf den ersten Blick eine naturgetreue Materialität, erweist sich aber bei näherem Hinsehen als ironische Brechung. Diese Doppelbödigkeit, dieser Moment, in welchem der Blick verrutscht (unübersetzbar, aber am Treffendsten auf Französisch beschrieben: die «mise en abîme»), findet sich des öfteren im

Etre et paraître — *Les travaux primés de Julie Usel tournent tous autour du thème des «perles» → 49 et du «collier de perles». L'artiste déploie intelligemment l'éventail des différentes connotations traditionnelles de ce collier – symbole de statut bourgeois, parure féminine classique, être et paraître. En même temps, elle contourne ces connotations en expérimentant des matériaux et des techniques qui ne semblent pas pouvoir s'adapter si aisément à une telle image.*

De loin, on dirait un authentique collier de perles. Mais si on le touche, on reste sidéré par sa perception tactile: ce qu'on tient en mains, c'est un collier sans poids, fait de perles en cellophane → 32 (ill. 109.). La facture de l'objet → Matérialisation suggère au premier regard une matérialité naturelle, mais lorsqu'on l'examine de plus près, on découvre qu'il s'agit d'une réfraction ironique.

Cette ambiguïté, ce moment où le regard glisse dans la mise en abîme, se retrouve sou-

Appearance and reality — *Julie Usel's award-winning works all centre around the theme of "pearls", "pearl necklace". She fans out the different traditional connotations of a pearl necklace – middle-class status symbol, classic women's jewellery, appearance and reality – while at the same time undermining them by experimenting with materials and techniques that obviously don't fit this image.*

From a distance it looks like a real pearl necklace. If one touches it, one is startled by the unusual feel: one is holding a weightless necklace made of shaped cellophane pearls in one's hand (fig. 109.). At a first glance the way it is made suggests a lifelike material quality, on closer examination, however, it turns out to be an ironic twist.

This ambiguity, this moment when the view shifts (the untranslatable French phrase mise en abîme best captures this), is often found in Julie Usel's work; it does, however, not limit itself to the humorous gesture, but always

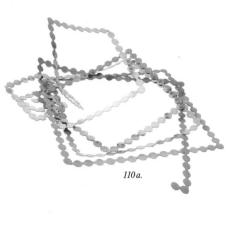

110a.

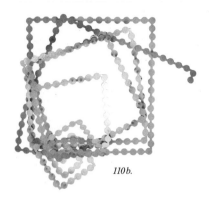

110b.

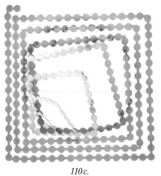

110c.

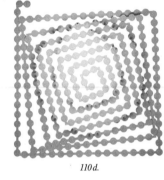

110d.

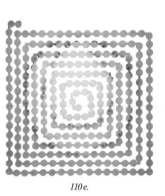

110e.

110.
Spirale
Sautoir
Dessin sur carton
Découpe laser

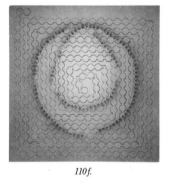

110f.

Vente
www.beatricelang.ch
Prix de vente sur demande:
julie.usel@gmail.com

d.

Werk von Julie Usel, das sich jedoch nicht in der humorvollen Geste erschöpft, sondern stets eine valable und vor allem eigenständige Alternative zum Ursprungsgegenstand, der Perlenkette, bietet. Sie experimentiert mit vielen Materialien; vom oben beschriebenen Cellophan über Silikon, Alabaster bis hin zu Porzellan.

Die Kette aus Silikon (Abb. 107., 108.) *ist ein Werk, dem man sich langsam nähert. Der Prozess des Herausschälens, das behutsame Entdecken des Schmucks ist so gewollt. Geduldig trennt man aus einer Art Silikonblatt die stilisierte Perlenkette, welche mit einem Lasergerät ausgefräst wurde, heraus, um sie sich dann anzueignen.*

Julie Usel beherrscht das Spiel der feinen Verschiebung unserer Wahrnehmung und unseres Blicks und verweist augenzwinkernd auf die Perlenkette zurück. Die veränderte Wahrnehmung in Bezug auf Gewicht, Dichte und Wert thematisiert unser Verhältnis zu Schmuck handfest, augenmerklich und nachhaltig. PC

f.

vent dans l'œuvre de Julie Usel, qui cependant ne se limite pas au geste humoristique, mais offre toujours une alternative intéressante et surtout personnelle à l'objet originel, le collier de perles. Elle expérimente de nombreux matériaux; de la cellophane dont on vient de parler jusqu'à la porcelaine, en passant par la silicone et l'albâtre.

Le collier en silicone (ill. 107., 108.) *est une œuvre dont on s'approche lentement. Le processus d'extraction progressive, la découverte prudente du bijou, tout cela est voulu. Avec patience, on dégage la parure stylisée d'une sorte de feuille de silicone, qui a été fraisée au laser; enfin, on pourra se l'approprier.*

Julie Usel maîtrise ce jeu du léger déplacement de la perception et du regard; elle nous renvoie, comme d'un clin d'œil, au collier de perles. Le poids, l'épaisseur et la valeur sont perçus différemment. Notre relation à la parure est ainsi thématisée d'une manière concrète, sensible et durable. PC

e.

offers a viable and particularly individual alternative to the original object, the pearl necklace. She experiments with different materials; from the above mentioned cellophane to silicone, from alabaster to porcelain.

The silicone necklace (fig. 107., 108.) *is a work you approach slowly. She deliberately chooses a peeling process, where you cautiously discover the jewellery. One patiently detaches the stylized pearl necklace, milled out with a laser, from a kind of silicon leaf, and then gets hold of it.*

Julie Usel has mastered the art of subtly shifting our perceptions and views, and makes a tongue-in-cheek reference back to the pearl necklace. This shift in perception in relation to weight, density and value touches upon the issue of our relationship to jewellery in a tangible, focussed and sustainable manner. PC

V–Z

Tafeln
Planches
Boards

111 a.   111 b.

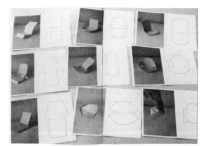

111 c.   111 d.   111 e.

111 f.

111.
Plastic chair development
28,9 x 21,6 cm, 40 pages

Qu'est-ce qui a été primé?
Plastic back chair
Une chaise
Travail de diplôme
2007

Bequeme Sitzgelegenheit mit Spannkraft — *Ein flexibles Material, das auf einem stabilen Untersatz angebracht wird: Das ist das Grundprinzip des «Plastic Back Chair».*

Die Diplomarbeit des jungen Designers Raphaël Von Allmen überzeugte die Jury. Der Objektdesigner aus dem Hause ECAL präsentierte mit seinem «Plastic Back Chair» ein schnörkelloses Konzept über die Entwicklung eines Stuhls. Als Übergang von der Idee zur konkreten Umsetzung entwarf Von Allmen nach ersten Skizzen zuerst 3D-Modelle aus Papier und Karton im Massstab 1:5 (Abb. 111.).

Durch den kombinierten Einsatz von Entwurf und Modell verfeinerte er nach und

Un siège confortable, avec du ressort — *Un matériau flexible, fixé sur une base stable: tel est le principe essentiel de la «Plastic Back Chair».*

Le travail de diplôme du jeune designer Raphaël Von Allmen a convaincu le jury. Pour l'élaboration d'une chaise, ce designer d'objets, issu de l'ECAL, a présenté avec sa «Plastic Back Chair» un concept sans fioritures. Pour passer de l'idée à l'application concrète, Von Allmen, après ses premières esquisses, a conçu un modèle de papier et de carton, en trois dimensions, à l'échelle de 1:5 (ill. 111.).

En recourant à la fois à l'esquisse et au modèle →46, il a affiné peu à peu l'échelle et les caractéristiques matérielles. La grande diffi-

Comfortable tension seating — *A flexible material attached to a solid base: that is the basic principle of the "Plastic Back Chair".*

The diploma work of young designer Raphaël Von Allmen convinced the jury. The ECAL trained object designer submitted a straightforward concept on the development of a chair with his "Plastic Back Chair". As a transition from idea to concrete realisation, Von Allmen, after some first sketches, first designed 3D models made of paper and cardboard on a 1:5 scale (fig. 111.).

By combining both sketch and model he improved the scale and the quality of the material bit by bit. A main difficulty in finding the form was, in particular, the adaptation of

133

Von Allmen Raphaël →57

112a.

112b.

112c.

112d.

112.
Plastic back chair
Aluminium et
polypropylène

112e.

112f.

d.

nach den Massstab und die materiellen Eigenschaften. Eine Hauptschwierigkeit bei der Formfindung lag vor allem darin, die Rückenlehne aus Kunststoff dem stabilen Untersatz des Stuhles anzupassen.

Das Resultat des Projektes kann sich sehen lassen. Das Endprodukt der vier Monate dauernden Suche ist ein Stuhl mit einer flexiblen Rückenlehne aus Plastik, Beinen aus Aluminiumprofilen und einer Sitzfläche, die aus einem Aluminiumblech gefertigt ist. Funktionsweise und Machart sind klar sichtbar und schnell wird klar, was, wie und vor allem warum so, und genau so, vom Konstrukteur zusammengesetzt wurde. Die prägnante Form entsteht durch den bewussten Rückgriff auf

f.

culté, pour concevoir la forme, c'était surtout d'adapter le dossier, en matière synthétique, à la base stable de la chaise.

Le résultat est de qualité: le produit final d'une recherche de quatre mois, c'est une chaise pourvue d'un dossier flexible en plastique. Ses pieds sont en aluminium profilé, et le siège proprement dit, en lames d'aluminium. La fonctionnalité et la facture sont clairement visibles et l'on saisit très vite l'objectif, la façon et surtout le motif du constructeur. Cette forme très sobre est la conséquence d'un recours conscient à une manière simple de fabriquer le dossier. Au lieu d'une forme coulée, dispendieuse, Raphaël Von Allmen a choisi une technique de découpe avantageuse, qui lui

e.

the plastic back to the solid base of the chair.

The project's result is something to behold. The end product of the four-month-long search is a chair with a flexible back made of plastic, chair legs made of aluminium profiles and a seat made out of an aluminium plate. Functionality and construction are clearly visible and it becomes immediately obvious what, how and in particular why something was put together exactly like this by the designer. The concise form is created by a deliberate return to a simple way of manufacturing the back. Instead of an expensive cast, Raphaël Von Allmen chose a cheaper cutting technique that allows him to keep production costs down. The constituents are

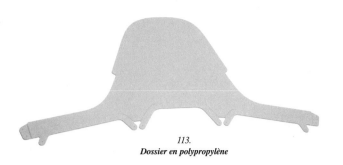

113.
Dossier en polypropylène

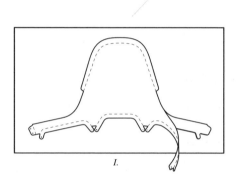

I.

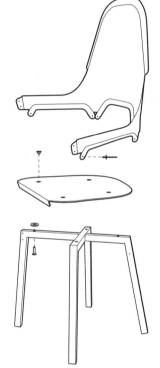

II.

III.

d.

eine einfache Herstellung der Rückenlehne. Anstatt eines aufwändigen Formgusses wählte Raphaël Von Allmen eine kostengünstige Schneidetechnik, die es ihm erlaubt, auch bei kleinen und mittleren Stückzahlen die Produktionskosten tief zu halten. Die Bestandteile sind leicht zerlegbar und können einzeln wiederverwertet werden. Die zugeschnittene Polypropylen-Platte ist zur Gewährleistung der Stabilität gerillt und auf der steifen Aluminiumkonstruktion gerade so vernietet, dass die Rückenlehne ihre Form erhält. Die Sitzfläche ist auf die Aluminiumkonstruktion aufgeschraubt und gibt dem Plastik die finale Spannung (Abb. 113.). *Kurzum: Ein Stuhl, bei dem das Material Widerstand leistet. EH*

f.

permet de maintenir un coût de production très bas, même avec un nombre d'exemplaires faible ou moyen. Les éléments sont aisément démontables et peuvent être réutilisés individuellement. La feuille de polypropylène →50, est cannelée pour en garantir la stabilité, et rivetée sur le châssis en aluminium rigide, de manière à donner sa forme précise au dossier. Le siège est vissé sur le châssis d'aluminium et donne au plastique sa tension finale (ill. 113.). *En un mot: une chaise dont le matériau offre une belle résistance. EH*

e.

easy to take apart and can be reused individually. The fitted polypropylene sheet is grooved in order to guarantee stability and riveted to the stiff aluminium construction in a way that gives the back its shape. The seat is screwed onto the aluminium construction and gives ultimate tension to the plastic (fig. 113.). *In short: a chair where the material offers resistance. EH*

114a.

114b.

114c.

114d.

114.
Trails
Firefox Extension
Printscreens

Was wurde prämiert?
Trails
Eine Internetanwendung
2007–2008

Mehr als nur «Copy and Paste» — Wer hat nicht genug von den reisserischen Artikeln der Gratiszeitungen, die in 20 Minuten die Welt rekonstruieren? Mit der Internetanwendung von Lukas Zimmer kann der Leser seine Lesegewohnheiten →44 aktiv verändern. Damit entscheidet er selber, was als allmorgendliche Lektüre schwarz auf weiss auf den Tisch kommt.

Der junge Grafiker aus Zürich erforscht die Möglichkeiten des neuen Lesens im Internet. Ihn interessiert die Frage, wie sich die Rolle des Autors und des Lesers in einer Zeit verändern, in der sich anstelle des linearen Lesens zunehmend ein fragmentiertes Lesen manifestiert. Zusammen mit einem Program-

Plus qu'un simple «copier-coller» — Qui n'est pas lassé des articles tapageurs des journaux gratuits, qui reconstruisent le monde en 20 minutes? Avec l'application Internet de Lukas Zimmer, le lecteur peut changer ses habitudes de lecture, et les rendre actives. C'est alors lui qui décide de ce qui arrivera sur sa table, noir sur blanc, en fait de lectures matinales.

Le jeune graphiste zurichois se penche sur les nouvelles possibilités de lecture qu'offre Internet. Ce qui l'intéresse, c'est de savoir comment le rôle de l'auteur et celui du lecteur se transforment à une époque où la lecture fragmentée supplante progressivement la lecture linéaire. Avec la collaboration d'un pro-

More than just "copy and paste" — Who hasn't had enough of the lurid articles in the free newspapers that reconstruct the world in 20 minutes? With Lukas Zimmer's internet application the reader can actively change his reading habits: it allows him to decide for himself what he wants to read in cold print every morning.

The young graphic designer from Zurich explores new reading possibilities on the internet. He is interested in the question of how the roles of author and reader are changing at a time when fragmented increasingly takes the place of linear reading. Together with a programmer (Mikael Prag, Amsterdam) he developed a freely accessible Firefox →Mozilla

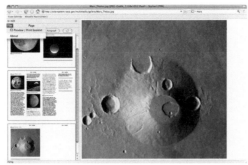

114 e.

114f.

d.

mierer (Mikael Prag, Amsterdam) entwickelt er eine frei zugängliche Firefox Browser Extension, die es jedem Internetbenutzer erlaubt, mit wenigen Mausklicken die eigenen Recherchen zu einer handlichen Broschüre zusammenzustellen und auf Papier auszudrucken.

Die gefundenen Text- und Bildbausteine werden einfach auf eine übersichtlich gestaltete Arbeitsoberfläche → Gestaltung gezogen, in ein bis drei Spalten eingesetzt, mit eigenen Worten ergänzt und in einem persönlichen Layout editiert. Durch die handliche Internetanwendung werden die kaum nachvollziehbaren und meist flüchtigen Kopfreisen von einem Link → Hyperlink zum nächsten ohne

f.

grammeur, (Mikael Prag, Amsterdam) Lukas Zimmer développe une extension, en libre accès, du navigateur de Firefox, qui permet à tout utilisateur d'Internet de rassembler en quelques clics de souris le fruit de ses propres recherches, et d'en faire une brochure d'usage pratique, qu'il imprimera sur papier.

Les éléments de texte et d'images collectés sont simplement tirés sur une surface de travail clairement structurée, avec une à trois colonnes, puis complétés par les mots de l'usager, avant d'être édités dans une mise en page personnelle. Grâce à cette application Internet pratique, les voyages mentaux d'un clic à l'autre, si difficiles à maîtriser, et le plus souvent évanescents, deviennent maîtrisables

e.

Firefox browser → 58 extension that allows users to create and print a handy booklet of their individual research with just a few mouse clicks.

The text and image modules found are simply pulled onto a clearly laid out desktop, inserted in one to three columns, complemented by one's own words and edited within a personal layout. This handy internet application makes it possible to grasp the barely comprehensible and mostly elusive mental associations from one link to another without much effort. So even before the first cup of coffee, any topic can be easily documented, complemented by one's own style and made available for compact re-reading.

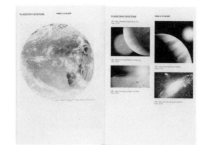

115.–118.
Trails
*Booklets zu verschiedenen
Themen*

115 a. *115 b.*

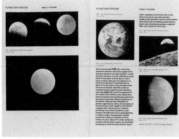

115 c. *115 d.* *115 e.*

116. *117.* *118.*

d.

grossen Aufwand greifbar. Noch vor dem ersten Kaffee, kann so ein beliebiges Thema unkompliziert dokumentiert, in der eigenen Formensprache ergänzt und für eine gebündelte Lektüre verfügbar gemacht werden.

«Trails» ist ein handliches Hilfsmittel für die effiziente Informationssuche im Netz, welches im Moment zwar noch nicht online verfügbar ist, aber hoffentlich in naher Zukunft auf die Struktur des Internets mit ihren Besonderheiten eingeht und in Bezug auf die veränderten Lesegewohnheiten ein brauchbares Mittel darstellt. Mit «Trails» wird loses Wissen visualisiert und handhabbar gemacht: Nicht nur für Leute, die von «Copy and Paste» → 33 keine Ahnung haben. EH

f.

sans grand effort. Même avant le premier café du matin, un thème favori peut être ainsi exploré simplement, complété dans le langage formel de son choix, et rendu disponible pour une relecture en cahier.

«Trails» est une aide pratique à la recherche efficace d'informations sur le Net. Ce logiciel n'est pas encore disponible en ligne pour le moment, mais on espère qu'il pourra s'intégrer dans la structure d'Internet, avec ses singularités, et qu'il représentera un bon moyen d'affronter les changements de nos habitudes de lecture. Avec «Trails», le savoir diffus est visualisé et devient exploitable. Et pas seulement pour les gens qui n'ont aucune idée du «copier-coller». EH

e.

"Trails" is a handy device to retrieve information online efficiently. It isn't available online yet, but will hopefully soon reflect the peculiar structure of the internet and act as a useful tool for addressing changing reading habits. "Trails" visualizes loose knowledge and makes it manageable: not only for people who have no idea of "copy and paste". EH

138

119.–122.
Postkarten-Set
14,8 x 10,5 cm
Fotografie: Mario del Curto

119.

120.

121.

122.

Was wurde prämiert?
Gaff Aff
Ein Bühnenbild
2006

Eine kleine Welt — Dimitri de Perrot und Martin Zimmermann arbeiten bereits seit über zehn Jahren intensiv miteinander. Ihre Inszenierungen entstehen durch einen konstanten und lebendigen Dialog. Das Bühnenbild → 31 entwerfen sie gemeinsam; es bildet den zentralen Ausgangspunkt für die folgende Kreation von Musik → 47 und Choreografie → 32. Dimitri de Perrot, Musiker und Komponist, erfindet mit den unterschiedlichsten Geräuschen die sehr rhythmische und zeitgenössische Klangkulisse der Stücke, und Martin Zimmermann, Zirkuskünstler, entwickelt die Choreografie. Hierfür ist das Bühnenbild das Jongliermaterial, mit dem gespielt wird.

Das aktuelle Theaterstück «Gaff Aff» spielt auf einer kleinen Bühne in Form eines über-

Un monde en réduction — Dimitri de Perrot et Martin Zimmermann collaborent de manière soutenue depuis plus de dix ans déjà. Leurs mises en scène → 46 sont le fruit d'un dialogue aussi constant que vivant. Ensemble, ils conçoivent leurs décors, origine et cœur de la création qui s'ensuivra, faite de musique et de chorégraphie. Dimitri de Perrot, musicien et compositeur, recourt aux bruits les plus divers pour inventer les coulisses sonores, très rythmiques et contemporaines, des pièces présentées; et Martin Zimmermann, artiste de cirque, en développe la chorégraphie. Le décor est ainsi le matériel du jongleur, avec lequel il va jouer.

Leur pièce de théâtre actuelle, «Gaff Aff», se déroule sur une petite scène en forme de

A Small World — Dimitri de Perrot and Martin Zimmermann have been working closely together for over 10 years. Their stage productions are created through a constant and animated dialogue. They create the stage design together; it forms the core starting point for the subsequent creation of the music and choreography. Dimitri de Perrot, musician and composer, creates the highly rhythmic and contemporary soundscape of the shows, and Martin Zimmermann, circus artist, develops the choreography. The stage design acts as the juggling material they play with.

The current show "Gaff Aff" is set on a small stage shaped like an oversized record player (figs. 119.–122.). The character (Martin Zimmermann), looking neat in his suit, car-

Zimmermann & de Perrot: Zimmermann Martin → 59, de Perrot Dimitri → 35

123 a.

123 b.

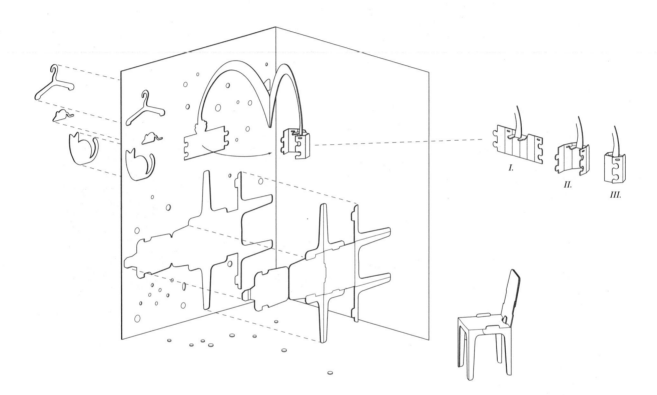

I.

II.

III.

d.

f.

e.

dimensionierten Plattenspielers (Abb. 119.–122.). *Auf dem sich fortlaufend drehenden schwarzen Teller imitiert die Figur (Martin Zimmermann), die fein säuberlich im Anzug und mit Aktenkoffer unterwegs ist, pantomimisch die Irrungen und Wirrungen des modernen Lebens* (Abb. 119.). *Aus der Kulisse, einem mit Konsumgeräten bedruckten Verpackungskarton, zaubert sie im Verlaufe des Stücks allerlei hervor: Einen Stuhl zum Falten, dazu einen Tisch, eine Lampe, einen Kleiderbügel. Es entsteht ein kleiner, intimer Wohnraum* (Abb. 122.). *Die sich teils wild zum Rhythmus der Musik bewegende und zwischen Handy und TV zappelnde Figur scheint mal dem Wahnsinn nahe, mal völlig ruhig gestellt.*

plateau de tourne-disque surdimensionné (ill. 119.–122.). *Sur l'assiette noire qui ne cesse de tourner, le personnage (Martin Zimmermann), vêtu d'un costume soigné et porteur d'une mallette, va son chemin, imitant avec sa pantomime les errements et les aberrations de la vie moderne* (ill. 119.). *A partir du décor (un carton d'emballage couvert d'images d'ustensiles de consommation), il fait apparaître comme par magie, au cours de la représentation, des objets de toutes sortes: une chaise pliable, puis une table, une lampe, un portemanteau. Tout cela finit par former une petite pièce habitable, intime* (ill. 122.). *Le personnage s'agite furieusement au rythme de la musique, pris entre son téléphone portable et son zapping télévisuel. Il apparaît parfois pro-*

rying his briefcase, mimes the trials and tribulations of modern life (fig. 119.–122.). From the backdrop, a packing cardboard with mass consumption items printed on it, he pulls out all sorts of things: a folding chair with a table, a lamp and a coat-hanger, creating a small, intimate living space (fig. 119.). That character, moving to the rhythm of the music and then flitting between mobile phone and television set seems on the verge of madness one minute and completely calm the next.

The show explores the question of how important packaging is in relation to the content. The way the actor interacts with the packaging material is astounding and persuasive in how it scintillates with creativity (fig. 122.). The universe created with the stage design, the

124.

125.

124.–126.
*Teile aus dem
Bühnenbild
Gaff Aff*

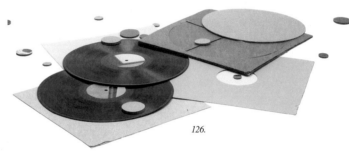

126.

d.

Das Stück geht der sinnigen Frage nach der Wichtigkeit der Verpackung im Verhältnis zum Inhalt nach. Die Interaktion des Schauspielers mit dem Verpackungsmaterial verblüfft und überzeugt durch die sprühende Kreativität. Das geschaffene Universum mit Bühnenbild, Klang, Schauspiel und Licht bildet eine dichte atmosphärische, poetische → 50 Einheit. Das gekonnte Spiel mit Andeutungen hinterfragt zeitgenössische Lebens- und Verhaltensweisen und führt sie ad absurdum → 30. Ausgezeichnet werden die beiden für ihr Bühnenbild, ihren Erfindungsreichtum und ihre sehr innovative und interdisziplinäre Arbeitsweise. AM

f.

che de la frénésie, et parfois il se tient complètement immobile.

La pièce pose la question pertinente de l'importance du contenant en relation avec le contenu. L'interaction de l'acteur avec ce matériel d'emballage nous épate et nous convainc par sa créativité jaillissante. L'univers engendré par le décor, le son, le jeu d'acteur et la lumière constitue une unité dense, poétique et pleine d'atmosphère. Un jeu d'allusions habile interroge la manière contemporaine de vivre et de se comporter, en les poussant à l'absurde. Les deux créateurs ont été distingués pour le décor qu'ils ont conçu, pour la richesse de leur invention, et pour leur manière de travailler très innovante, interdisciplinaire. AM

e.

sound, acting and lighting creates a dense, atmospheric, poetic unity. The skilful play with allusions questions contemporary behaviours and ways of life and takes them to the point of absurdity. The pair are being honoured for their stage design, their inventiveness and their highly innovative and interdisciplinary working methods. AM

141

A

Liste der Verweise
Liste des renvois
List of cross references

d.	f.	e.	i.
A Ad absurdum, Ahoulou Joy, Aura	**A** Ambivalence	**A** —	**A** —
B Bühnenbild, Büronomade	**B** Bonzon Jean-Philippe, Broderie	**B** —	**B** —
C Chaimowitcz Marc Camille, Choreografie, Crivelli Patrizia (PC), Copy & Paste	**C** Cellophane, Cneai, Collection	**C** —	**C** Corpo
D de Perrot Dimitri, Design	**D** Decroux Cédric, Design	**D** Design, Dialogue	**D** —
E Event, Event-Design	**E** Eigenheer Nicolas, EPFL, Essai, Esthétique, Eternit	**E** Eastman George	**E** —
F —	**F** Fibrociment, Fiction, Fidalgo Yves	**F** Fanzine	**F** Feltro
G Gestaltung	**G** Guhl Willy	**G** —	**G** Gianocca Kiko
H Hartmann Eduard (EH), Hedonismus, Hyperlink	**H** —	**H** Haptic, Hat-trick	**H** —
I —	**I** Ironie	**I** —	**I** —
J Jan-Tschichold-Preis	**J** —	**J** Jan Tschichold Prize	**J** —
K Kollektion	**K** —	**K** Kodak	**K** —
L Label (Marke), Lehmann Aude, Lesen, Letzigrund	**L** Le Moigne Nicolas, Leutenegger Catherine, Lost in Translation	**L** Label (record)	**L** —
M Monografie, Moser Anita, Müller Aurelia (AM), Musik, Mythen	**M** Matérialisation, Materialité, Meldem Emilie, Mise en scène, Modèle, Module	**M** Marcopoulos Ari, Mozilla Firefox	**M** —
		N Nicolai Carsten	**N** —
		O —	**O** —
		P —	**P** Premio Jan Tschichold
		Q —	**Q** —
		R Rochester	**R** —
			S —

Z

Liste der Verweise
Liste des renvois
List of cross references

Impressum
Colophon
Imprint

Herausgeber
Publié par
Publisher

Herausgegeben vom Bundesamt
für Kultur, Bern, im Birkhäuser
Verlag, Basel, anlässlich
der vom 7. November 2008
bis zum 1. Februar 2009 im
Museum Bellerive, ein Haus des
Museum für Gestaltung
Zürich, gezeigten Ausstellung
«Eidgenössische Förderpreise
für Design 2008».

Publié par l'Office fédéral de la
culture, Berne, chez Birkhäuser
Verlag AG, Bâle, à l'occasion
de l'exposition «Bourses fédérales
de design 2008» au «Museum
Bellerive, une maison du
Museum für Gestaltung Zürich»,
du 7 novembre 2008 au 1er
février 2009.

Published by the Swiss Federal
Office of Culture, Berne, at
Birkhäuser Verlag AG, Basle,
on the occasion of the "Swiss
Federal Design Grants 2008"
exhibition presented at the
Museum Bellerive, a house
of the Museum für Gestaltung
Zürich, from November 7th
2008 to February 1st 2009.

Library of Congress Control
Number: 2008935760

Bibliographic information
published by the German
National Library
The German National Library
lists this publication in the
Deutsche Nationalbibliografie;
detailed bibliographic data
is available in the internet at
http://dnb.d-nb.de.

© 2009 Bundesamt für Kultur,
Bern, die Autoren und die
Designer
09.08 1200 198213

2009 Birkhäuser Verlag AG
Basel · Boston · Berlin
P.O. Box 133
CH–4010 Basel, Switzerland
Part of Springer
Science+Business Media

Printed on acid-free paper
produced from chlorine-free
pulp. TCF∞
Printed in Switzerland

ISBN 978-3-7643-8807-2

987654321

www.bak.admin.ch
www.birkhauser.ch

Ausstellung
Exposition
Exhibition

Kuratorinnen
Commissaires
Curators
  Eva Afuhs, Zürich
  Aurelia Müller, Bern
  Patrizia Crivelli, Bern

Ausstellungsgestaltung
Conception de l'exposition
Exhibition design
  Alain Rappaport, Zürich
  www.rappaport.info

Ausstellungsbeschriftung
Titrage de l'exposition
Exhibition title design
  Bonbon – Valeria Bonin,
    Diego Bontognali, Zürich
    www.bonbon.li
  Esther Rieser, Zürich
    www.estr.ch

Katalog
Catalogue
Catalogue

Texte, Redaktion, Lektorat
Textes, rédaction, lectorat
Texts, editing, lectorship
  Patrizia Crivelli, Bern
  Eduard Hartmann, Bern
  Aurelia Müller, Bern

Übersetzungen
Traductions
Translations
  Etienne Barilier, Pully (f.)
  Andrea Baur, Bern (e.)

Korrektorat
Relecture
Proofreading
  Patrizia Crivelli, Bern
  Eduard Hartmann, Bern
  Therese Bürki,
    Muri bei Bern (d.)
  Marielle Larré, Zürich (f.)
  Michael Robinson,
    London (e.)

Konzept
Concept
Concept
  Bonbon – Valeria Bonin,
    Diego Bontognali, Zürich
    www.bonbon.li
  Esther Rieser, Zürich
    www.estr.ch
  Patrizia Crivelli, Bern
  Eduard Hartmann, Bern
  Aurelia Müller, Bern

Gestaltung
Conception graphique
Graphic Design
  Bonbon – Valeria Bonin,
    Diego Bontognali, Zürich
    www.bonbon.li
  Esther Rieser, Zürich
    www.estr.ch

Fotografie
Photographie
Photography
  Cortis & Sonderegger, Zürich
  www.ohnetitel.ch
Assistent
Assistant
Assistant
  Michael Lio

Illustrationen
Illustrations
Illustrations
  Joe Rohrer, Luzern
  www.bildebene.ch

Schriften
Caractères
Fonts
  Dutch 801 BT

Papiere
Papiers
Papers
  Munken print white, 115 gm²
  Luxomagic 170 gm²
  Baldur Nr. 1361

Druck
Impression
Printing
  Druckerei Odermatt AG,
  Dallenwil

Buchbinderei
Reliure
Bookbinding
  Buchbinderei Burkhardt
  AG, Mönchaltorf

Schweizerische Eidgenossenschaft
Confédération suisse
Confederazione Svizzera
Confederaziun svizra

Eidgenössisches Departement des Innern EDI
Bundesamt für Kultur BAK

147

151

152